民族魂

忠于职守故事

学生成长励志故事读本

陈志宏◎编著

延邊大學出版社

·延吉·

图书在版编目（CIP）数据

忠于职守故事 / 陈志宏著 . —延吉 : 延边大学出版社 , 2013.3（2024.1 重印）

ISBN 978-7-5634-5389-4

Ⅰ . ①忠… Ⅱ . ①陈… Ⅲ . ①品德教育 – 中国 – 青年读物 ②品德教育 – 中国 – 少年读物 Ⅳ . ① D432.62

中国版本图书馆 CIP 数据核字 (2013) 第 049204 号

忠于职守故事

主编：陈志宏
责编：郭玉玲
封面设计：映像视觉
出版发行：延边大学出版社
社址：吉林省延吉市公园路 977 号 邮编：133002
电话：0433-2732435 传真：0433-2732434
网址：http://www.ydcbs.com
印刷：天津市天玺印务有限公司
开本：155 × 220 毫米 1/16
印张：8
字数：50 千字
版次：2013 年 03 月第 1 版
印次：2024 年 01 月第 4 次印刷
书号：ISBN 978-7-5634-5389-4
定价：38.00 元

前言

民族魂，是一个民族的精髓，体现了一种民族的精神，是民族存在的精神支柱。

说起民族的精神，人们通常都会想到爱国主义。从古代的屈原、岳飞，到近代为保卫祖国领土完整的人民英雄；从古代的发明家张衡、毕昇，到今天为祖国的建设事业贡献力量的科学家；从古代的李白、杜甫，到今天为民族文学艺术的提高而不懈奋斗的文学家……在他们身上，都体现出一种广义的爱国主义和爱国精神。

爱国主义是一种伟大的民族精神，也是中华民族的传统美德，与我们祖国上下五千年的历史一样源远流长。作为一种巨大的精神力量，它对中华民族的历史发展与进步产生了重大的影响。

在我国古代历史上，不仅出现过许多杰出的政治家、军事家、思想家、文学家、科学家、艺术家，还出现过一大批忧国忧民、鞠躬尽瘁的仁人志士和抗击外敌、抵御入侵的民族英雄。他们或开发和改造祖国的河山，创造灿烂的中华文明；或英勇反击民族压迫和外来侵略，捍卫国家的主权和民族的尊严；或坚决反对民族分裂，维护国家的统一和民族的团结；或顺应历史潮流，积极改革弊政，励精图治，治国安邦，施利于民……他们从不同的侧面体现了中华民族的爱国主义精神，谱写了爱国主义的壮丽诗篇，铸造了中华民族坚不可摧的“民族之魂”。

人们之所以将爱国主义精神作为中华民族精神的主要特征，是因为19世纪以来的中华民族饱受外来民族的欺凌、压迫和剥削，从而需要以爱国主义来凝聚人心、努力奋斗，从而获得民族的解放。

翻开中国近代史册，最触目惊心的是一场场的战争、一件件的国耻。深重的民族灾难，撞击着每一个爱国者的心。帝国主义列强发动了第一次鸦片战争、第二次鸦片战争、中法战争、中日甲午战争、八国联军之役等大小100多次战争。每一次战争，都以强迫清政府签订不平等条约而结束。

面对亡国灭种的威胁，华夏大地的炎黄子孙们掀起了波澜壮阔的爱国热潮，创造了光照千秋的爱国主义业绩。中华民族所散发出来的民族精神，无论在深度和广度上都是前无古人的。无数民族英雄、志士仁人，在救国图存、振兴中华的斗争中所表现出来的爱国精神，既是对中华民族古代爱国主义传统的继承与发扬，又具有鲜明的时代特征。

除了爱国主义之外，勤劳、勇敢、诚信、团结、知礼、尊贤、节俭、敬业，热爱和平、不屈不挠、自强不息、励精图治、开拓创新等，也都是中华民族的精神精髓，是中华民族灵魂的具体表现。在五千年的历史中，我们的先辈在这片土地上，以这种高尚的品行和美德不断地开辟，才有了如今屹立于世界民族之林的东方强国。作为一个有着漫长历史的积淀与升华的民族，伟大的民族精神早已烙刻在了我们每个人的灵魂深处，与我们的血肉融合在一起。

青少年是国家的希望，也是民族不断发展和延续的根本。总有一天，我们的民族精神、我们祖国的这片神奇的土地要传到当代青少年手中。从这个意义上来说，我们民族精神的生机与活力，我们祖国的命运与前途，也掌握在青少年的手中。因此，青少年的爱国主义教育和励志图强教育也就显得更加重要。为了增强和提升国民教育，尤其是青少年的爱国主义精神、民族精魂志向，我们精心编写了本套丛书——《民族魂——学生成长励志故事读本》丛书。

本套丛书将有史以来体现民族精神和民族灵魂的典型事迹，以通俗易懂的故事形式娓娓道来，非常适合青少年的阅读水平和欣赏口味。书中提供了古往今来多个典型人物和事件典范，展现出的人物也涉及社会的各个层面，有利于青少年立心、立志、爱国、进取，从而全方位地领悟中华民族的精神、灵魂之所在。

在本套丛书中，为帮助读者更好地理解和学习这些源远流长的美好精神，我们还在每一篇故事后面给出了“心灵物语”，旨在令故事更加结合现代社会，结合我们自身的道德发展，提高我们的民族爱国精神，并由此而引发读者进一步的思考。

深刻的哲理人生，表现了博大精深的文化；精彩的人物事迹，道出了励精图治的典范；历代的爱国故事，喻出了民族精神的深意；高尚的品德展现，浓缩了上下五千年的灿烂文明……我们希望，青少年朋友们通过阅读本套丛书，能够受到深刻的爱国主义教育，能够真正体会到中华民族的灵魂所在，同时更能够汲取精华，励精图治，为提升自己的个人素质、为祖国未来的建设和发展作出努力。

全套丛书分类编排，内容详尽，文字优美，风格独具，是广大读者，尤其是青少年爱国励志教育的优秀读物。我们相信，本套丛书一定可以成为青少年朋友们的良师益友。

导言

尽职就是忠于职守，尽责就是认真做好本职工作。尽职尽责是中华民族优秀道德规范的内容之一。能否尽职尽责，也是体现一个人的行为品德高低的重要方面。尽职尽责就是把自己从事的职业当作自己的事业，兢兢业业、恪尽职守，表现出中华民族高度的社会责任感和历史使命感。

先贤们曾强调，不要把职业活动看成是谋生的手段，而要把职业看成是“成业”。《左传·昭公十三年》中说：“有事无业，事则不经。”一个人是否有作为，不在于他做什么，而在于他是否尽心尽力地把所做的事做好。《晋书·陈寿传》说：“成业者系于所为，不系所籍。”只有尽职尽责地把本职工作当成终身事业来做，才能有所成就，才不虚度年华。

当然，古代的职业带有浓重的家庭传承特征，劳作方式水平低下，带有浓厚的行帮性质和职业歧视现象。现今，职业已不再单纯是谋生的手段，更多的是展示自己才华的领地、完成自己理想的契机、大展身手的平台，尽职尽责的内涵和意义早已超越了传统的范畴，但是中华民族传承下来的尽职尽责的精神需要我们继续发扬。

随着社会的发展，社会分工越来越细。只有从事不同职业的人各司其职，各尽其责，社会才能正常运转。正是不同行业、不同分工的人们尽职尽责地工作，才能源源不断地创造物质财富和精神财富，使人类历史不断发展前进。在现实社会中，每个人都从事着特定的职业，这个职业有的是自己主动选择的，有的是被动接受的。但无论是主动还是被动，只要我们从事了这份工作，就要干一行、爱一行、专一行，把这一行当成自己的事业。尽职尽责不是消极地完成工作，不是做一天和尚撞一天钟。要尽职尽责，就要对自己的工作精益求精，不但完成本职工作，还要在本职工作中力求有发明创造；不能满足于平庸的循规蹈矩，要争取“三百六十行，行行出状元”。

本书中我们精心选编了一些体现“尽职尽责”精神的经典故事，希望读者通过对此书的阅读，更深刻地理解它的内涵意义，从中有所领悟，有所启迪。在自己的日常生活和学习工作中，能够以他们为楷模，做到对工作尽职尽责，在自己的职业中作出贡献，做出成绩。

目录
CONTENTS

第一篇

守职操行为先

袁枢认真写史

袁枢（1131—1205年），字机仲，建州建安（今福建建瓯）人，南宋史学家。袁枢幼年就能赋诗，很有抱负，17岁进杭州太学，20岁以“修身与写赋”参加国子监考试，后又参加礼部考试，得词赋科第一。孝宗隆兴元年（1163）袁枢中进士，他初任温州判官、兴化军教授，乾道七年（1171）为礼部试官，出为严州教授，其后历任太府丞兼国史院编修官、权工部郎官兼吏部郎官、吏部员外郎、大理寺少卿，出知常德府、江陵府等职。

袁枢自幼喜好读书，成年后学识渊博，与当时的著名学者朱熹、吕祖谦、杨万里等人都有往来。

袁枢为官后，历任温州判官、严州教授、太府丞兼国史院编修、大理寺少卿、工部侍郎兼国学祭酒、右文殿修撰、江陵知府等职。在担任国史院编修期间，袁枢还负责编修了《宋史》的列传部分。

在严州任职期间，袁枢“乃自出新意，辑抄《通鉴》”“区别门目，以类排纂。每事各详起讫，自为标题，每篇各编年月，自为首尾”，最终写成了《通鉴纪事本末》一书。

《通鉴纪事本末》共42卷，内容始于《三家分晋》，终于《周世宗之征淮南》。书中的文字全部抄自司马光的《资治通鉴》原文，只是方式有所改动。内容也取《资治通鉴》所记之事，区别门目，分类编排，专以记事为主，每一件事都详细地叙述了始末，并自为标题。全书共记239事，另附录66事，开“纪事本末体”之先河。

《通鉴纪事本末》是袁枢在严州任教授时撰写的。那时，他的官职比较清闲，因此也可以从容论著。当时，南宋的社会经济和学术文化都有了一定的发展，但民族矛盾和阶级矛盾仍然处于比较紧张的状态，这对于怀有“爱君忧国之心，愤世疾邪之志”的袁枢来说，只有像司马光那样，拿起史笔抒发自己的报国情怀，尽一个历史学家的职责。

当时，人们在阅读《资治通鉴》时，都感到比较困难，因为《资治通鉴》记述了1300多年的历史，取材丰富，但它只是按照年份记述，对于一件事情连续好几年的，它都没有连贯性地给予记述。如果要了解事件的全貌，就要翻阅好几卷，读起来很不方便。

袁枢根据《资治通鉴》中所记录的重要史实，以事件为中心，按原来的年次进行分类编辑，并抄上原文，每个事件都标上醒目的题目，但袁枢本人并没有发表任何意见，也没有多加一句话。

袁枢只用了两年的时间便编好了《通鉴纪事本末》，但他熟读《资治通鉴》花了很多年的时间。因为他不但要熟读《资治通鉴》，了解里面的全部内容，还要充分理解、把握著者司马光的史学见解。

当参知政事龚茂良得到《通鉴纪事本末》一书时，立即将其推荐给宋孝宗。宋孝宗阅读后，赞叹地说：“治道尽在是矣。”

随即，孝宗下令摹印十部，赐给太子和江上诸帅，并命令他们要熟读，还提升袁枢为大宗正簿。

心灵物语

作为历史学家，袁枢写史尽职尽责，又对中国史学开创了新的史体。他的贡献是伟大的，他的精神光照后人。

史海钩沉

袁枢不畏权贵

在朝廷中，袁枢一向不畏权贵。在袁枢任大理寺少卿时，有一个姓高的人，因为产业纠纷一案交到大理院审理，殿中侍御史冷时光受贿包庇，袁枢公然揭发。同列的官员都怕他招来祸端，劝他不要多管闲事，可袁枢却不加顾虑，大胆陈奏。宋孝宗根据奏本，立即罢免了冷时光。所以，后来便有了宋代以朝臣弹劾御史事例自袁枢开始的说法。

文苑荟萃

寄朱晦翁山中丹砂

（宋）袁　枢

丹砂九转世莫传，羽衣婀娜飞朝天。
凄然风露洗尘世，星斗一天随转旋。
空余丹鼎在岩际，夜夜虹光腾霁烟。
天遗紫阳弭绛阳，点石成玉公须专。
朝来金锁开洞府，丹火已灰当复然。
离龙坎虎玄又玄，不须人间询谪仙。
黄熊跑号青兕舞，争欲舐鼎严笞鞭。
岩头风高卷衣袂，嘶断玉龙云满川。
怡然上池漱琼液，鼓枻下濯丹溪泉。
云间双鹤傥未下，招隐为我歌长篇。

乃蛮台为官抚饥民

乃蛮台（1283—1348年），元开国大将木华黎五世孙。他身长七尺，挚静有威，性明果善断，射能贯札。乃蛮台死后追封鲁王，谥忠穆。

天历二年（1329年），乃蛮台升调为陕西行省平章政事。

有一年，关中闹粮荒，朝廷便下令招募百姓拿粮食买官做。各地富民响应诏令，纷纷运来粮食，露天摆放在城门口。开始时，河南曾经闹粮荒，从关中买粮，可是关中百姓却阻止买卖，这一次，守关的官吏正好是河南人，他替河南人计较旧仇，不让河南的粮食进入关中。

乃蛮台知道后，就用杖刑惩罚了守关的官吏，把粮食运入关。京兆一带饥民饿得人吃人，抢到人就吃，乃蛮台就派出强健的士兵分头抓捕强吃人者，这场祸患才平息。

当时，进关的粮食虽然很多，但穷人都没有钱购买，乃蛮台就动用了500万缗库存没有销毁的旧纸币盖上省印作标记，发给灾民使用。等官府发放解救粮荒的钞票后，再按数兑换。

当时，民众背井离乡外出逃荒时都先把自己家的房屋、围墙破坏了再走，乃蛮台了解了这一情况后就发告示说：“明年要是丰收了，你们还是要回来的，所以你们走时不要破坏房屋。”

民众见了告示，再离家逃荒时就不再毁房屋了。等到第二年逃荒的人回来，房宅依然完好如初。

□心灵物语

乃蛮台尽心职守，千方百计解决粮荒问题，不但名垂青史，也得到了后人的尊敬。

□史海钩沉

敢于负责的父母官彻里帖木儿

天历二年（1329年），河南地区发生大饥荒，彻里帖木儿打算放粮救济，而他的下属却认为一定要等县上报到府，由府上报到省，然后才能知道是否可以放粮。彻里帖木儿感慨地说："百姓饥饿而死的已经不少了，还要死板地照常规办事吗？上行下达累计一个月，百姓存活的没几个了。这大概是官吏怕受制裁，想要把怨愤推给朝廷，我不能这样做。"

于是，彻里帖木儿打开粮仓救济灾民，然后又上书承认自己专断的罪过。元文宗听后很高兴，特赐给彻里帖木儿龙衣、上尊。

□文苑荟萃

《卖花声》（怀古）

（元）张可久

美人自刎乌江岸，战火曾烧赤壁山，将军空老玉门关。
伤心秦汉，生民涂炭，读书人一声长叹。

陈鹏年以身殉职

陈鹏年（1663—1723年），字北溟，又字沧州，谥恪勤，湖南湘潭人，清朝前期官僚，康熙三十年（1691年）辛未科进士，历任地方官，为官清廉，被民众称为陈青天。康熙四十四年（1705年），陈鹏年被两江总督阿山弹劾，但由于南京市民的抗议和商店罢市而平安无事。康熙六十年（1721年），陈鹏年任河道总督，六十一年（1722年），兼任漕运总督，著有《道荣堂文集》。

康熙四十七年（1708年），陈鹏年调任苏州（今江苏省苏州市）知府。他到任后，便禁止或革除了一些奢侈的风俗，清理滞留的诉讼案件，听审断狱，被称为神人。在饥荒疫病流行的时候，陈鹏年还亲自走遍了乡村集市，询问老百姓疾苦，并请示朝廷发放救济，救活了许多濒于死亡的百姓。

康熙六十年（1721年），皇帝命陈鹏年随尚书张鹏翮查勘山东、河南境内的运河。当时，黄河在武陟（今属河南）县马营口决堤，自长垣（今属河南）径直灌注张秋，形势堪忧。于是，康熙帝又任命陈鹏年代理河道总督。

雍正即位后，正式任命陈鹏年担任河道总督。当时的南北坝尾决口合龙而又溃决的有四处，到这时相继合龙，可是马营口尚未堵塞。陈鹏年就住宿在河边，睡觉、吃饭都不顾了，逐渐瘦弱疲惫。

雍正元年（1723年），陈鹏年病重，皇上亲自派御医前来诊治，可是不久陈鹏年还是去世了。皇上听到消息后，告谕说："陈鹏年积劳成疾，在他办公的地方去世。听说他家还有80岁老母亲，家里穷得一无所有。他真是鞠躬尽瘁、死而后已的臣子。"赞美备至，赏赐丰厚。

心灵物语

陈鹏年一生尽忠职守，时时以百姓疾苦为念，曾因此两次入狱，最后他还是死在治水的任上。他尽职尽责的事迹，不但当时受到褒奖，时至今日，也还受到后人的颂扬。

史海钩沉

陈鹏年遭诬入狱

陈鹏年曾任江苏淮安知县，海州知府。康熙四十三年（1704年），陈鹏年升任江宁知府。

这一年，正赶上康熙帝南巡，总督阿山为了获得皇上的宠幸，便以大摆陈设、迎接皇上为名，召属官商议增加赋税的事。这时，属官都默不作声，注视着陈鹏年。陈鹏年说："官可罢，赋税不可加。"

结果，由于阿山没有达到增加赋税的目的，便对陈鹏年怀恨在心。于是，他就在康熙帝面前制造流言蜚语，中伤陈鹏年，以图报复。

正在这关键时刻，适逢致仕大学士张英入对。康熙便问江南廉吏，张英举荐了陈鹏年。可是阿山仍不甘心，又以其他事谗害陈鹏年，导致陈鹏年入狱。

陈鹏年入狱的消息传出来后，江宁市民数千人都痛哭罢市，举旗打鼓，申言愿入狱与太守同命。陈鹏年入狱后，阿山必欲置他于死地而后快，使绝其食。后来因得人营救，陈鹏年才被夺官免死。

文苑荟萃

重游虎丘

（清）陈鹏年

之一

雪艇松龛阅岁时，廿年踪迹鸟鱼知。
春风再扫生公石，落照仍衔短簿祠。
雨后万松全逻匝，云中双塔半迷离。
夕佳亭上凭栏处，红叶空山绕梦思。

之二

尘鞅删除半晌闲，青鞋布袜也看山。
离宫路出云霄上，法驾春留紫翠间。
代谢已怜金气尽，再来偏笑石头顽。
楝花风后游人歇，一任鸥盟数往还。

时传祥“一人脏换来万家净”

时传祥（1915—1975），山东省齐河县赵官镇大胡庄人，中共党员，全国著名劳动模范。时传祥是一位“宁肯一人臭，换来万户香”的毫不利己、专门利人、曾受到了党和人民高度赞扬的掏粪工人，他曾在北京市崇文区清洁队工作。2009年9月14日，时传祥被评为100位新中国成立以来感动中国的人物之一。

1915年，时传祥出生在一个贫苦的农民家庭。14岁时，他从家乡逃难来到北京。为了生存，他被迫背起粪桶，当了一名生活在最底层的掏粪工。在旧中国，掏粪工不但要受社会的歧视，还要受行业内部一些恶势力的压榨和盘剥。就是在这些粪霸的手下，时传祥一干就是20年，受尽了压迫与欺凌。

新中国成立后，时传祥找到了做人的尊严。工人阶级当家作主，让时传祥对党充满了感激之情。他用一颗朴实的心，记住了这样一个通俗的道理：掏粪也是社会主义建设事业的一部分。从此以后，时传祥将掏大粪当成一件十分光荣的劳动，尽职尽责，以苦为乐，满腔热情、全心全意地为人民服务。他还竭尽全力带领环卫工人为市民服务，提出了“宁愿脏一人，换来万家净”的响亮口号。后来，时传祥被工友们选为北京市崇文区“粪业工人工会”委员。

1952年，时传祥加入了北京市崇文区清洁队，继续为城市清洁服务。这时，北京市人民政府为了体现对清洁工人劳动的尊重，不仅规定他们的工资高于别的行业，而且还相方设法减轻掏粪工人的劳动强度，把过去送粪的轱辘车全部换成汽车。

运输工具改善之后，时传祥合理计算工时，挖掘潜力，将过去七个人一班的大班改为五个人一班的小班。他带领全班由过去每人每班背50桶粪增加到每人每班80桶，而他自己则每班背90桶。就这样，最多的时候，每班可以掏粪、背粪达5吨。管区内的居民享受到了清洁优美的环境，而时传祥背粪的右肩却被磨出了一层厚厚的老茧，因而他也赢得了人们的普遍尊敬，赢得了很多荣誉。

时传祥时刻都以主人翁的姿态，以“搞好环境卫生，美化人民首都”为自己的责任，肩背粪桶，走家串户，利用公休日为居民、机关和学校义务清理粪便，整修厕所。1955年，他被评为清洁工人先进生产者，1956年，他当选为崇文区人民代表，同年6月加入中国共产党。1958年，时传祥当选为北京市政协委员，1959年被选为全国劳动模范。

在1959年的全国群英会上，时传祥受到时任国家主席刘少奇的接见。刘少奇主席亲切地对他说：“你掏大粪是人民勤务员，我当主席也是人民勤务员，这只是革命分工不同。”

时传祥也表示：“我要永远听党的话，当一辈子掏粪工。”

从此，时传祥成了载誉全国的著名劳动模范。

1964年，北京环保局分配了一部分青年学生做掏粪工。当时，时传祥任崇文区清洁队青工班的班长。为了转变部分青年工人怕脏怕丑的思想，年近半百的时传祥在干脏活累活时总是抢在前面，对青年工人进行言传身教，以“工作无贵贱，行业无尊卑；宁愿一人脏，换来万人净”的职业道德观，教育影响着青年一代安心本行业工作。

1966年国庆观礼，时传祥作为北京市观礼团的副团长，受到了毛泽东主席的亲切接见，周恩来总理在招待宴会上还为其敬酒。

在共和国的历史长卷中，掏粪工人时传祥，以“宁可脏一人，换来万家净”的实际行动，赢得了社会的普遍尊敬，他的先进事迹所体现出的文明价值已成为社会的一种精神财富被广泛认可和弘扬。

心灵物语

多年来，时传祥精神始终鼓舞着全队职工，给了他们积极进取、尽职尽责的信心和勇气，激励着他们始终保持着一颗为人民服务的火热之心。

虽然掏粪工在现代都市中消亡了，但只要存在社会分工，就仍会有苦、累、脏的工作，因此，今天仍然需要时传祥“一人脏换来万家净”的精神。

史海钩沉

时传祥的精神

一名普通的掏粪工人时传祥，为了方便百姓的生活，在掏粪工作中做了许多超出工作范围的事。

当时，北京的四合院很多，人口密度大，厕所显得有些不够用，许多厕所都是粪便四溢。一进厕所，有的竟然无处下脚，臭气熏天。

但是，时传祥不但把自己负责的每个厕所都淘弄干净，还找来砖头，把蹲位垫得高一些，使居民们如厕方便。

当时传祥碰到有些人瞧不起掏粪工人的时候，他面对冷脸或不友好的举动时，不在工作中找茬，而是依旧尽心尽力、尽职尽责地服务，结果赢得人们的尊敬。他的这种精神被誉为“时传祥精神”。

■文苑荟萃

时传祥纪念馆

时传祥纪念馆位于山东省齐河县的东北部。纪念馆为砖混结构，高 9.9 米，长 28.8 米，建筑面积为 1501.6 平方米。该建筑以八角形平面布局，寓意为四面八方，表达了“宁愿一人脏，换来万家净”的时传祥精神。

纪念馆以山东民居形式，采用硬山对称、灰瓦白墙，展现了时传祥同志朴素的人生。基座四面，三层跌落花池，含义为四季和 12 个月，表达了时传祥勇敢正直、淳朴善良、勤劳无私的高尚品格和博大胸怀。

该馆由中共中央政治局原常委、政协全国委员会原主席李瑞环题写馆名。

“铁人”精神万人颂

王进喜（1923—1970年），甘肃玉门人，是新中国第一批石油钻探工人，全国著名的劳动模范。1938年，15岁的王进喜进入玉门石油公司当工人，新中国成立后历任玉门石油管理局钻井队长、大庆油田1205钻井队队长、大庆油田钻井指挥部副指挥。王进喜1959年加入中国共产党。他率领1205钻井队艰苦创业，打出了大庆第一口油井，并创造了年进尺10万米的世界钻井纪录。王进喜以“宁可少活二十年，拼命也要拿下大油田”的顽强意志和冲天干劲，被誉为油田铁人。

1959年，王进喜作为石油战线的劳动模范前往北京参加群英会。当他看到大街上的公共汽车，每个车顶上都背个大气包时，奇怪地问别人:“汽车顶上背个那家伙干啥？”

人们告诉他:“因为没有汽油，汽车只能烧煤气。”

这话像锥子一样刺痛了王进喜，巨大的责任感也给王进喜的心里增加了很大压力。王进喜后来说:“北京汽车上的煤气包把我压醒了，我真真切切地感到了国家的压力、民族的压力，呼地一下子都落到了自己的肩上。”

王进喜曾经多次向工友们说:“一个人没有血液，心脏就会停止跳动；工业没有石油，天上飞的、地上跑的、海上行的，也都要瘫痪。没有石油，国家就有压力，我们应该自觉地替国家分担这个压力，这是我们石油工人的责任啊！”

就是这种责任感，使石油工人王进喜的身上蓄积了无穷的动力。

1960年春，我国的石油战线传来了喜讯——发现了大庆油田，于是，一场规模空前的石油大会战随即在大庆展开。王进喜听说后，异常兴奋，马上找到当时的石油部领导，积极要求参加石油大会战。

1960年3月，王进喜从西北的玉门油田率领1205钻井队赶到大庆油田，加入了这场轰轰烈烈的石油大会战之中。

然而刚一到大庆，王进喜就被面前的许多难以想象的困难惊呆了：没有公路，车辆不足，吃和住都是问题。

但是，王进喜对此并没有气馁，而是和同事们下定决心，有天大的困难也要高速度、高水平地拿下大油田。

钻机到了，吊车不够用，几十吨的设备怎么从车上卸下来？王进喜说："咱们一刻也不能等，就是人拉、肩扛也要把钻机运到井场。有条件要上，没有条件创造条件也要上。"

于是，王进喜带领工人用滚杠加撬杠，靠双手和肩膀奋战了三天三夜，终于将38米高、22吨重的井架硬是从车站迎着寒风运到了采油场，并且将其矗立在荒原。这就是会战史上著名的"人拉肩扛运钻机"。

要开钻了，可水管还没有接通，怎么办？王进喜振臂一呼，带领工人到附近的水泡子里破冰取水，硬是用脸盆、水桶，一盆盆、一桶桶地向井场中端了50多吨水。经过这样艰苦的奋战，仅仅用了5天零4个小时，就钻完了大庆油田的第一口生产井。

在重重困难面前，王进喜带领全队以"宁可少活二十年，拼命也要拿下大油田"的顽强意志和冲天干劲，苦干了五天五夜，打出了大庆的第一口喷油井。

在随后的10个多月中，王进喜率领1205钻井队和1202钻井队，在极端艰苦的条件下，克服万千困难，双双达到了年进尺10万米的奇迹。

在那些日子里，王进喜身患重病也顾不上去医院看病，几百斤重的钻杆砸伤了他的腿，他仍然拄着双拐继续指挥。

有一天，突然出现井喷，当时没有压井用的重晶粉，王进喜马上决定用水泥代替重晶粉。然而，当成袋的水泥倒入泥浆池后，却怎么都搅拌不开。王进喜见状，甩掉拐杖，奋不顾身地跳进齐腰深的泥浆池中，用自己的身体搅拌。

井喷终于被制服了，可是王进喜却累得站不起来了。房东大娘心疼地说:“王队长，你可真是铁人啊！”

“铁人”的名字，就这样被传开了。

王进喜为发展祖国的石油事业尽职尽责，日夜操劳，终致身心交瘁，积劳成疾，于1970年患胃癌病逝，年仅47岁。

心灵物语

王进喜干工作处处从国家利益着想，他重视调查研究，依靠群众加速油田建设，艰苦奋斗，勤俭办企业，“有条件上，没有条件创造条件也要上”，建立责任制，认真负责，严把油田质量关。他留下的“铁人精神”“大庆经验”，成为我国进行社会主义建设的宝贵财富。

王进喜身上体现出来的“铁人精神”，激励了一代代的石油工人。铁人不仅是工人阶级的先锋战士、共产党人的楷模，更是一个为国家分忧解难，为民族争光争气，顶天立地的英雄。

史海钩沉

铁人不屈的童年

1923年10月8日，王进喜出生在甘肃省玉门市赤金堡的一个贫苦农民家庭。父亲40岁得子，看到出生的是个男孩子，非常高兴。按照当地的风俗，父母把孩子和包孩子用的筛子放在秤上一称，刚好整十斤，于是就给孩子起名为“十斤娃”。

十斤娃的名字听起来虽然很雄壮，可是他的身材却十分瘦小。长大后，按照王家的家谱往下排，十斤娃取名为王进喜。

在灾难重重的旧中国，年幼的王进喜遭尽了苦难。1929年，玉门地区遭遇百年不遇的灾荒。为了活命，6岁的王进喜用一根棍子领着双目失明的父亲沿街乞讨。

1932年，军阀马步芳要建立羊毛厂，王进喜的父亲强迫出劳役。9岁的王进喜就让父亲坐在牛车上，然后自己赶着牛车，把羊毛送到百里之外的酒泉。

为了挣钱给父亲治病，10岁的王进喜就与几个穷孩子一起到虎狼出没、气候无常的妖魔山给地主放牛。当时，王家有几亩地被区长以借为名长期霸占着，12岁的王进喜不畏强权，前去讨要。虽然只要回了几丈白土布，可这是王进喜与恶势力抗争的一次胜利。

15岁时，王进喜进入旧玉门油矿当童工。虽然他年龄小，却干着与大人一样的粗活、重活，还经常挨工头的打骂。但他不甘屈辱，奋起反抗。师傅们知道后，都给他讲骆驼"攒劲"的故事，告诉他要讲究斗争方法，培养"耐力"。正是这种苦难的经历和恶劣的生存环境，才练就了王进喜刚毅坚韧、倔强不屈的性格。

文苑荟萃

海上石油钻井平台

海上石油钻井平台是主要用于钻探井的海上结构物。海上石油钻井平台上装有钻井、动力、通信、导航等设备，以及安全救生和人员生活设施，是海上油气勘探开发不可缺少的设备设施。海上石油钻井平台主要有自升式和半潜式钻井平台。

自升式钻井平台由平台、桩腿和升降机构组成，平台能沿桩腿升降，一般无自航能力。1953年美国建成第一座自升式平台。

半潜式钻井平台上部为工作甲板，下部为两个下船体，用支撑立柱连接。工作时下船体潜入水中，甲板处于水上安全高度，水线面积小，波浪影响小，稳定性好，自持力强，工作水深大。新发展的动力定位技术用于半潜式平台后，工作水深可达900—1200米。

人民警官郝振铧

郝振铧（1975—），中共党员，1994年参加公安工作，先后任牡丹江市公安局阳明分局刑警大队内勤、严打办主任、办公室副主任，在本职岗位上作出了突出的成绩，尤其是身患癌症以后，他更加忠于职守，忘我工作。2000年5月，郝振铧荣立个人三等功一次，曾获得牡丹江市阳明区“优秀共产党员”，牡丹江市公安局“追逃专项斗争”先进个人，全省、全国优秀人民警察等多项荣誉称号。

1990年，郝振铧考入西南政法大学，1994年8月毕业后被分配到黑龙江省牡丹江市阳明公安分局刑警大队，担任内勤工作。

由于家在外地，又是单身，在工作期间，郝振铧一直住在单位，而且一住就是三年，工作也成了他生活的全部。那几年正赶上刑侦工作大变革，作为全国先进单位和刑侦改革试点，郝振铧深感自己所在岗位的责任重大。

除了认真完成本职工作外，郝振铧还利用业余时间撰写了大量涉及刑侦改革、侦查破案、基础建设等方面的调研文章，并参与了多起大要案件的侦破工作。经常在夜深人静时仍然在办公室里奋笔疾书，制订侦破行动方案，梳理汇总破案信息，有时甚至会通宵达旦，而他对此却总是乐此不疲。而郝振铧的工作成绩也很快得到了领导和全局民警的认可。

然而，1999年秋，郝振铧经常感到胸椎间歇性地出现疼痛，而且经常感冒，呼吸也感到很费力，还伴有血痰。但是，这些都没有影响他的工作，他每天依然像个没事人一样忙碌着。

一直到2000年3月，郝振铧的病情开始加重，才在妻子的一再催促下到医院检查。诊断的结果是支气管肺癌晚期，医生断言，他的生存期限不会超过半年。

面对这个结果，回到单位后，郝振铧并没有声张，而是开始默默地整理着手头上还没有完结的工作，暗自作好了移交前的准备。那时，全局正在开展严打工作，病重的郝振铧依然忙得团团转，他没有因为病情而放弃自己所热爱的工作，在癌魔喘息之间，郝振铧依然利用这十分难得的宝贵时间，尽职尽责地努力工作着，继续为党和人民尽一名党员应尽的义务。

一天下班后，郝振铧感觉发烧得很厉害，头重脚轻。回家后他连饭都没吃就一头扎到了床上。天黑的时候，局里来电话，说有行动，郝振铧赶紧挣扎着爬起来，让妻子扶着他赶回分局加了一个夜班。结果第二天一早，郝振铧就被急救车送进了医院，不得不接受了放疗、化疗。

郝振铧病情依然在不断恶化，不久，他又到北京解放军总院接受了开胸手术。但由于失去了最佳的治疗时间，肿瘤组织与肺底静脉严重粘连，手术宣告失败。

这样残酷的打击并没有让郝振铧绝望，反倒让他越挫越勇。对生命的渴望，尤其是对事业的执着追求，成为郝振铧在最艰难痛苦时期的强大精神支柱。也正是因为有了这种坚强的意志，郝振铧的病情在几经反复后居然稳定下来。

领导考虑到郝振铧的病情和业务专长，将他留在局办负责调研工作。但是，郝振铧并未因此而放松自己，而是抓紧一切时间深入基层，开展各项调研工作。在两年多的时间里，他累计撰写了20多万字的调研材料，有针对性地提出许多独到又可操作的工作措施，给领导决策提供了有力的参照依据。

与此同时，郝振铧还利用业余时间进行文学创作，他的作品曾多次在《警官》《党的生活》等刊物上发表，他还被牡丹江市作家协会吸收为会员，并担任市散文诗会副会长等职务。

2002年4月，全国范围的严打整治斗争进入了关键阶段。在郝振铧的请求下，这个在医学理论上早就被判了死刑的人，毅然接手了严打办负责人的工作，使全局严打综合工作得到了保证。

2003年7月1日，郝振铧作为牡丹江市优秀民警，在全市公安系统“建党八十二周年先进事迹巡回报告会”上第一次讲述了自己勇抗病魔、顽强工作的不平凡事迹，在广大干警中引起了强烈反响。为了大力弘扬、学习郝振铧同志勇斗病魔的大无畏精神和为公安工作鞠躬尽瘁的无私奉献精神，上级机关多次作出向郝振铧同志学习的决定和批示，并先后授予郝振铧全省、全国优秀人民警察等光荣称号。

2006年4月，在郝振铧的请求下，他被调到经侦大队从事外勤工作。在两年的时间里，他与战友们一道摸爬滚打，冲锋陷阵，先后侦破了50多起重特大案件。

在生与死对撞的夹缝中，郝振铧以一名共产党人的坚强意志，以羸弱的身体与病魔进行了一次次的殊死搏斗，充分展现了人民警察的卓越风采。而郝振铧勇抗病魔的大无畏精神，以及为公安事业鞠躬尽瘁的奉献精神，更是成为公安战线学习的楷模。

心灵物语

郝振铧，一个敢于和魔鬼抗争的名字。在生与死的夹缝中，他依然把职责放在首位，而且从不懈怠。他为我国的公安事业尽职尽责，让死神也望而却步，彰显了人民警察大无畏的精神。

文苑荟萃

镜泊湖风景区

镜泊湖位于黑龙江省东南部张广才岭与老爷岭之间，距牡丹江市区110千米。

镜泊湖是历经五次火山爆发，由熔岩阻塞河流而形成的高山堰塞湖，也是世界上少有的高山湖泊。因此，镜泊湖以天然的独特风姿和峻奇神秘的景观而闻名于世，成为国家著名的风景区和避暑胜地。

镜泊湖在历史上曾被称为阿卜湖，又称阿卜隆湖，后来又改称为呼尔金海。唐玄宗开元元年（713年）被称为忽汗海，明朝开始时被称为镜泊湖，清朝被称为毕尔腾湖。现在仍然通称为镜泊湖，意为湖水清平如镜。

镜泊湖一年四季景色各异。春天，满山达子香，满湖杏花水；夏天，绿荫遮湖畔，轻舟逐浪欢；秋天，五花山色美，果甜鱼更肥；冬天，万树银花开，晶莹透琼台。

平凡工作不平凡的人

王顺友（1965—　），四川省凉山彝族自治州木里藏族自治县马班邮路投递员，中共党员，苗族。2001年王顺友被四川省邮政局评为四川省邮政劳动模范；2001年5月1日，获得了全国五一劳动奖章；2005年4月，中共四川省委授予王顺友同志四川省优秀共产党员称号，国家邮政局授予王顺友同志全国邮政劳动模范称号；2005年5月1日，中华全国总工会授予王顺友同志全国劳动模范称号。

王顺友是四川省凉山木里藏族自治县邮政局的一名普通乡邮员。1984年，年仅19岁的王顺友从当乡邮员的父亲手里接过马缰绳，成为四川省凉山彝族自治州木里藏族自治县的一名普通马班邮路乡邮员。当时，父亲拍拍王顺友的肩膀，郑重地说："送信就是为党做事，为党做事的人要吃得起苦。"以后，王顺友把这句话牢牢地记在心里。

四川木里藏族自治县地处青藏高原的东南边缘，高山绵延起伏，全县海拔在5000米以上的大山就有20多座，平均海拔3100米，因此生活和工作条件都十分艰苦。王顺友负责的邮路是从木里县城经白碉乡、三桷桠乡和倮波乡至卡拉乡，往返里程多达584千米。

1999年，王顺友开始负责木里县城到白碉乡、三桷桠乡和倮波乡三个乡邮件的投递工作。这条邮路往返有360多千米，他每个月有两个邮班，一个邮班来回就要14天。也就是说，王顺友每个月有28天的时间都徒步跋涉在这苍茫大山中的邮路上。

在邮路上，从海拔近5000米到近1000米，依次经过察尔瓦山、雅砻江河谷、座窝山、矮子沟、鸡毛店山、山王庙峰、刀子山等大大小小的山峰沟谷，还要穿越四片野兽出没的原始森林。而必经之地的察尔瓦山气候更是异常恶劣，一年中有6个月都被冰雪覆盖，气温低达零下十几摄氏度。可是，一旦走入海拔1000多米的雅砻江河谷时，气温又高达40多摄氏度，酷热难耐。从白碉乡到倮波乡，还要经过当地老百姓谈之色变的“九十九道拐”。在这里，拐连拐，弯连弯，山狭路窄，抬头就是悬崖峭壁，低头则是波涛滚滚的雅砻江，稍微有点儿不慎，就可能会掉下悬崖，掉入滔滔江水中。这条路就是王顺友走了20年的邮路！

在这条邮路上，没人能帮王顺友分担这些近乎残酷的艰苦。当万家灯火、家人团聚的时候，王顺友只能一个人蜷缩在山洞、牛棚、树林里甚至是露天的雪地上，只有骡马与他相伴。饿了，就吃几口糌粑面；渴了，只能喝几口山泉水或吃几块冰。而到了雨季，他穿的衣服几乎就没干过。

由于长年在野外风餐露宿，王顺友落下了一身的病痛，经常犯胃病，心脏、肝脏和关节也都在受着病痛的折磨，人看上去也要比他的实际年龄苍老10多岁。

面对这样的艰苦，王顺友以顽强的意志战胜了孤独寂寞和艰难险阻，每年投递报纸达8400多份、杂志330多份、函件840多份、包裹600多件，为大山深处的各族群众架起了一座“绿色桥梁”。正如他自己所说的：“搞好本职工作是我的责任，再大的苦也要忍了，不能给党丢脸。”

王顺友总是这样告诉自己：“人总有一死，如果是为工作而死，值得！”

正是凭借这份极端负责的工作态度，多年来，王顺友从来没耽误过一个班期，也没丢失过一个邮件和一份报刊，投递准确率达到了100%，为中国邮政的服务作出了最好的诠释，也为自己尽职尽责的人生谱写了一曲感人的壮歌。

心灵物语

“路的尽头还有路，山的那边还是山，近邻尚得百里远，世上最亲邮递员！”孤独是四川省凉山彝族自治州木里藏族自治县投递员王顺友的一种生活常态。每送一次邮件需要半个月，在这段时间里自己跟自己的歌声打交道，跟陪伴他身边的马打交道，这种“孤独”是让人尊敬的。

王顺友的敬业精神令人肃然起敬。只要有这样的职业精神，平凡的工作也变得不平凡了。

史海钩沉

王顺友智勇斗劫匪

2000年7月，王顺友在翻过察尔瓦山，途经树珠林场时，突然从树林中跳出两个劫匪，恶狠狠地冲他叫喊：“把钱和东西全部交出来！”

面对匪徒，王顺友没有胆怯，而是以更高的声音，正义凛然地喊道：“我是乡邮员，是给大家送报纸、信件的！要钱没有，要命有一条！”

在说话之间，王顺友便悄悄靠向自己的马，从背篓中拔出了刀子，准备与匪徒搏斗。两个匪徒见王顺友一身正气，没有一丝胆怯，还穿着邮政标志服，又带着刀，不知如何是好。趁匪徒愣神的工夫，王顺友急中生智，纵身上马，从匪徒身边冲了过去。

乡邮员全二平的职责

全二平（1971—），中共党员，内蒙古巴彦淖尔市乌拉特前旗邮政局小佘太镇邮政所所长兼乡邮员。全二平从事乡邮投递17年，踏实工作，服务乡亲，扶残助困，不计功利，帮扶村民脱贫致富，得到群众的一致称赞。全二平曾获乌拉特前旗优秀青年、十佳优秀青年、优秀共产党员、行业十佳文明服务标兵、巴盟首届十大杰出青年等称号；连续15年被评为乌拉特前旗邮政先进工作者、优秀投递员；2007年，被树为巴彦淖尔市邮政行业爱心邮路的标兵和旗帜。

1991年，20岁的全二平成了一名乡邮员，主要负责内蒙古巴彦淖尔市乌拉特前旗偏远山区小佘太镇的邮递工作。

全二平的工作就是要完成40多个自然村80多个邮点的投递任务。每出去一次，全二平都要走100多千米的山路。

2006年秋天，全二平给西梁村的王培雄家送大学录取通知书。那天，正好赶上天下大雨，而且极可能发生山洪，但全二平全然不顾，毅然骑上自己的破摩托车就往西赶。洪水过后的沟槽里都是泥浆和虚沙，路十分不好走，全二平只好骑一段推一段，三四十里的山路，他足足走了6个小时。

等全二平到王培雄家的时候，满身满脸都是泥水，头发也被打湿得一绺一绺地贴在脸上，能辨认出来的，只有全二平那双明亮的小眼睛。

全二平在送邮件时，一旦遇到收信人地址不详、姓名不清的邮件时，他从来不怕多跑路、走弯路，而是四处打听，走村进户，硬是把许多无法投递的死信“复活”。

在农忙季节，全二平也经常帮助村民代邮代取各种信件包裹。一些经常有邮件的人家，干脆就把自家的钥匙给全二平一把，让全二平自己找手章盖在邮件单上。乡亲们也都亲切地称全二平是老百姓“放心的邮递员”“贴心的邮递员”。

此外，由于山里交通不便，物资匮乏，村民们的农用品、生活必需品等都要到很远的地方才能买到，甚至有些只好到山外去采购，这样一个来回就要花十几元的路费。全二平有摩托车，整天走村串乡，于是成了村民的“免费采购员”。

每年的开春，全二平在投递时都会带着箩筐、化肥、种子、地膜等；到了夏天，还要带着农药、蔬菜；到了冬天，则带着铁炉、烟囱；到了年底时，又要替乡亲们办年货。一年四季，全二平的摩托车都很难有闲着的时候。

山里人想到镇上或走亲戚坐不上车，也会经常搭全二平的顺路车。全二平说：“多数时候把人捎到地方上，还要再送回来。有时，搭车人知道捎来送去的要耗费汽油，过意不去，要给几块钱，可是乡里乡亲的，这钱我也不好意思要。”

每次走在崎岖的乡邮路上，全二平都会想：乡亲们祖祖辈辈都在大山中辛勤劳作，可依然过着苦日子。作为乡邮员，全二平有了许多接触报纸杂志、了解政策的机会。

从1994年开始，全二平为全四壕村订阅了《辽宁青年》《信息快报》《法制周报》《巴彦淖尔科技报》等刊物，并制作了阅报栏，组织同龄人学科学、用科学，种植科技示范田，就是那些原来死认老经验的老农也都主动请前来帮扶的科技人员到家中讲解。

全二平还带领和组织山民筹资投劳，用两年时间把原来坑坑洼洼、只能勉强通过马车的3千米“烂路”修好，与外面的公路连接，并组建土特产销售公司无偿为山民服务。

“爱心邮路”在全二平的脚下不断延伸。在他的感召下，当地村民尊老爱幼、助人为乐的行为蔚然成风。

心灵物语

全二平从事乡邮投递17年，他踏实工作，服务乡亲，扶残助困，不计功利，帮扶村民脱贫致富，得到了周边群众的一致称赞，也深深感染了他身边的每一个人。在小佘太镇，孩子知道有一个雷锋式的邮递员叔叔，大人知道有一个干工作不讲条件、不讲代价、不怕吃苦的邮政职工，他是全市50万青年的旗帜和骄傲；在邮政行业里，他是“一言一行树邮政形象，一心一意为用户服务”企业精神的实践者。

史海钩沉

全二平助人寻亲

1956年，张宝兰的父亲张化民担任铁道兵某部营长，奉命率部来到内蒙古支援包兰铁路建设，部队驻在五原县复兴乡四道堰子村。张化民的房东名叫王二海，王二海有个刚过百日的小女儿名叫王葡萄，特别招人喜欢。工作之余，张化民总爱逗逗小葡萄。

王二海从张化民爱人口中得知，张化民早年曾参加八路军。1950年，朝鲜战争爆发，成家不到一个月的张化民就奉命入朝参战，此后便一直没有孩子。看到张化民夫妇这样喜欢孩子，王二海夫妇商量，决定把女儿葡萄送给张化民做养女。

张化民夫妇得知后，十分高兴。当葡萄的大哥王过兵把妹妹抱到张化民家时，老张当即给葡萄又取了个新名字，叫宝兰（纪念修建包兰铁路）。

1958年，张化民转到甘肃省兰州铁路局工作，宝兰便随养父母一直在兰州生活了20多年。

1982年，张化民离休，全家迁回河北邯郸老家，宝兰也随养父调回邯郸工作，继而结婚成家。1991年，张化民的老伴去世后，张化民便将宝兰的身世告诉了她。

2004年，张化民去世后，宝兰开始寻找自己的亲人。2008年的春天，一个偶然的机会，张宝兰从电视上看到了“全国道德模范”全二平事迹的报道。从节目中他了解到，全二平十几年如一日，全心全意地为山区百姓服务，不仅把地址不详的3000多件“死信”和400多件邮件最终妥善送到收件人手中，还帮助不少外地群众找到了失散多年的亲人，于是，张宝兰抱着试一试的心情，找到了全二平的地址，给他写了一封信，请他代寻亲人。

接到张宝兰的信后，全二平根据信中提供的线索，多方打听张宝兰亲人的下落。当时，全二平作为北京奥运会火炬手，要远赴希腊传递奥运圣火，在临出发前，全二平给张宝兰打了电话，让她先与乌拉特前旗金农网站的站长贾志荣联系一下。

贾志荣在听完张宝兰的寻亲经历后，立即通过网站发布寻亲启事，并四处托朋友、同学、亲戚打听张宝兰亲人的消息。在此期间，全二平也发动自己的亲朋好友帮助张宝兰寻亲。

经过几个月的努力，在众多好心人的热情帮助下，2008年10月，张宝兰终于找到了自己的亲人。

文苑荟萃

塞外明珠乌梁素海

乌梁素海位于内蒙古巴彦淖尔市乌拉特前旗境内，呼和浩特、包头、鄂尔多斯三角地带的边缘，是全国的八大淡水湖之一，总面积达300多平方千米，素有“塞外明珠”的美誉。

乌梁素海是全球范围内干旱草原及荒漠地区极其少见的大型多功能湖泊，也是地球上同一纬度最大的湿地，如今已被国家林业部门列为湿地水禽自然保护示范工程项目和自治区湿地水禽自然保护区，同时被列入《国际重要湿地名录》。

乌梁素海是鸟的世界、鱼的乐园，这里有近200种鸟类和20多种鱼类生存，其中国家一、二类保护鸟类有12种，《中日候鸟协议》保护鸟类有48种。

高原医生李素芝

李素芝（1954—　），山东临沂人，1976年7月毕业于解放军第二军医大学，因学习成绩优异被留校从事医务工作。1976年12月，李素芝自愿进藏任军医，历任西藏军区副司令员兼西藏军区总医院院长、主任医师、博士生导师。2000年7月，李素芝被中央军委授予专业技术少将军衔。

李素芝是西藏山南军分区的一名边防军医。在西藏工作30多年来，李素芝始终牢记党的宗旨，热爱部队，热爱西藏，爱岗敬业，无私奉献。在外科主刀30多年，李素芝做过1.3万多例的手术，抢救了无数的垂危病人，被誉为“高原一把刀”。

李素芝结合丰富的临床实践经验，积极开展各项科研工作，并且不断撰写学术论文，先后发表过有价值的学术论文达230篇，获得科技成果奖30余项，开展新技术134项。其中，有17项创世界医学奇迹，32项属国内首创，34项填补了高原的医学空白，获得国家和军队科技进步奖20项。他还组织研制了高原康胶囊、花虫胶囊、高红冲剂、九二接骨灵等15种药品，临床应用治疗各种高山病，效果十分明显。

李素芝在工作期间，心系基层官兵，关心当地群众的疾苦。他几乎跑遍了西藏的边防连队和哨所，行程达百万千米，为军民巡诊21万余人次，发放“免费医疗证”1.2万张，为高海拔官兵和驻地寺庙僧尼建立“健康档案”1万多份。他高超的医疗技术、高度的奉献精神、尽职尽责的工作态度，不仅创造了光辉的业绩，也得到了广大战士和藏族人民的衷心爱戴。

不仅医术高超，医德高尚，李素芝做人还清白堂正。在被任命为院长后的10多年来，医院的医疗设备由不到600万元增加到1亿多元，新增的医疗设备近500台，每年要购买的设备、药品开支经费等都达到上千万元。但在购设备、买药品等问题上，李素芝做到了不经手、不插手、不放手，一身正气，两袖清风。

2004年6月，李素芝被评为全军优秀共产党员，2004年9月又被中共西藏自治区委员会和西藏自治区政府授予全区民族团结进步先进个人荣誉称号，并被作为全国、全军重大典型进行了广泛宣传。2005年5月，李素芝获得了国务院授予的全国民族团结进步模范个人荣誉称号。2006年5月，中央军委给李素芝记一等功一次。

心灵物语

“清清白白行医，堂堂正正做人。”李素芝将自己的一生都奉献给了雪域高原，职责是永恒的职业信念，而他用行动践行了自己的诺言。

史海钩沉

西藏名称的由来

关于“西藏”一词的由来，不仅社会大众，就是一些专门研究藏学的学者，能够解说清楚的也不多。这是因为，在历史上，藏语、汉语、蒙古语、满语对青藏高原各部分的地域名称以及对藏族的族称都产生过多次变化，而且这些历史上的名称也都互相交叉和影响，结果便使得至今对西藏和藏民族的称呼及其含义仍存在着比较复杂的现象。

7世纪时期，吐蕃王朝兴起。由于统一了青藏高原的大部分地区，所以唐代汉文典籍便用“吐蕃”来称呼吐蕃王朝，同时也指吐蕃王朝所占有的地域，有时还指吐蕃王朝的各部落并作为族称。

西藏在清朝时期正式定名。唐宋时期定为吐蕃；元朝时期属宣政院；明朝时期称乌思藏，设都司等；清朝初期称为卫藏，卫即前藏，藏即后藏，后来正式定名为西藏。清朝还设立西藏办事大臣。

新中国成立后，便仍然沿用清朝的称呼，称其为西藏。后来改为西藏自治区，区名至今未变。

文苑荟萃

布达拉宫

布达拉宫屹立在西藏自治区首府拉萨市西北的红山上，是一座规模宏大的宫殿式建筑群。

布达拉宫最初为松赞干布为迎娶文成公主而兴建的，17世纪重建后，布达拉宫便成为历代达赖喇嘛的冬宫居所，也成为西藏政教合一的统治中心。

布达拉宫整座宫殿具有鲜明的藏式风格，它依山而建，气势恢宏。而且，布达拉宫中还收藏了无数的珍宝，堪称是一座艺术的殿堂。布达拉宫主体建筑分白宫和红宫，主楼13层，高115.7米，由寝宫、佛殿、灵塔殿、僧舍等组成。从五世达赖喇嘛起，西藏重大的宗教、政治仪式等都会在此举行。同时，这里又是供奉历世达赖喇嘛灵塔的地方。

1961年，布达拉宫被中华人民共和国国务院公布为第一批全国重点文物保护单位之一。1994年，布达拉宫又被列入国家级文物保护单位和《世界文化遗产名录》。

“新铁人”王启民的奉献

王启民(1937—),1961年8月毕业于北京石油学院,高级工程师。1964年5月,王启民任大庆石油管理局大庆油田开发研究院动态室、综合室、开发室技术员,大庆油田科学研究设计院开发室、开发所地质师、副主任。1978年6月王启民加入中国共产党。1984年2月后,王启民任大庆石油管理勘探开发研究院副总地质师,副总工程师,1990年任黑龙江省石油学会油藏工程学会理事,1992年3月任大庆石油管理局勘探开发研究院副院长,1996年8月任大庆石油管理局勘探开发研究院院长。王启民是中共第十五届中央候补委员。1997年1月,王启民被中国石油天然气总公司党组授予“新时期铁人”荣誉称号。

1961年,王启民从学校毕业后,就积极投身到大庆油田的开发大会战当中了。

后来,有一件事对王启民产生了深远的影响。那是在1964年,大庆油田刚刚投入开发后不久,在中区西部就出现了“注水三年,水淹一半,采收率只有5%”的状况。由于对油田地下情况缺乏认识,谁都搞不清应该怎么办才好。

当时,油田开发理论上有一种“均衡”开采论。就是通过成排的注水井向地下注水,想象水在地层中均衡地向前推进,把油驱到成排的油井中开采出来。然而,地下的情况并不像主观上想象那样。结果,注到地下的水在不同的油层中有的突进,有的前进很缓慢,使高产井很快见水，并且含水上升很快。于是，就出现了“怕水”心理，开始控制注水，限定每米油层只能注5立方米水，又出现了“温和注水”开发理论。然而，“温和注水”带来的结果，一方面是由于注水量减少，含水上升慢了，但主力油层由于没有了“动力”，消极怠工，向差油层看齐，大家跑得一样快，使采油速度无法提高。另一方面，由于地下好油层渗透率高，注的水很快通过好油层涌进油井，使好油层产量没上来，水倒上来了。当时，这种现象被形容为“楼梯没响，人却上来了”，严重影响了油田开发生产。

王启民作为技术人员，决心搞清这个问题的来龙去脉，找到解决这个问题的办法。他一头扎进了采油现场，收集资料，分析研究，探索着油田的客观规律。

1969年，在一次重要的油田技术会议上，王启民站了出来，依据大量的调查研究，对“均衡”开采论和“温和注水”开采论提出了挑战。他还比喻说：“地下厚油层像大个子运动员，体力好，跑得快。薄差油层就像小个子运动员，体力差，跑得慢。‘温和注水’让大个子和小个子运动员一块慢慢跑，这也不符合开发规律。”

油田的领导对王启民提出的大胆而新颖的见解十分欣赏，并指示他带人去试验。

王启民与同伴们在一座已经含水达60%多、产量由日初产60吨下降到30吨被停注了的油井上进行试验。他们设计了每米油层注水由5立方米加强到30立方米的方案，并相应地放大油井产油量，结果，这口井的日产油量迅速回升到60吨，而且含水量基本保持稳定，从而证明了厚油层“快跑”的理论是科学的。

王启民从实践当中摸索出的这一开发理论，使油田走上了科学开发的道路。从此，主力油层恢复了“青春”，曾被“消灭”的百吨高产井又成批地开始涌现了。

随后，王启民又承担了大庆油田中区西部试验区的科学试验任务。

这个试验区也是大庆油田的“窗口”。然而，直到1975年，试验区内油井的含水达54%。在这种情况下，怎样才能控制含水量的上升，让油田保持稳产？这个重大的课题又落在了王启民的肩上。

“科研的路没有捷径，只有到实践中去探索。”王启民没有被眼前的困难吓倒，而是带领试验组的同志捆起行李卷，住到了中区西部试验区，准备日夜奋战，找出解决方法。

试验区的生活条件是十分艰苦的。王启民和同事们住帐篷，啃窝窝头，吃咸菜，克服了各种困难，坚决试验。白天，王启民和工人一起上井试验、作业，蹲在现场一口井一口井地搜集资料；晚上，他又整理资料到深夜，研究它们之间的相互联系，画出地下油层的连通图。年复一年，日出日落，王启民和试验组的同志们都在平淡而尽责地工作着。

到了1979年，中区西部试验区创造了连续10年稳产，单井日产40吨基本不降的开发奇迹，王启民找到了一条油田高产稳产的开发之路，中区西部成了大庆油田稳产的一个缩影。这套透着王启民和同伴们心血和智慧的分层注水、分层开采、先厚后薄、先高后低、接替稳产的开发理论，成为整个大庆油田后来长期稳产的重要基石。

1980年，大庆油田第一个稳产10年刚刚走过一半的路程。可是，由于主力厚油层的开采已经达到了“高峰点”，进入高含水阶段，产量开始下降，从而使稳产前景变得十分严峻。当时，甚至有人悲观地认为，大庆油田继续稳产的路已经走到了尽头。

可是，王启民却信心满满地说：“大庆稳产的前景是十分光明的。”

敢于这样断言，是因为早在10年前，王启民就已经科学地预见到了油田主力油层开发产量下降后应该如何保稳产的问题，那就是打开地下表外储层宝藏的大门，为油田稳产提供新的资源。

还是在中区西部进行试验时，王启民就发现，大庆油田的地下除了主力厚油层外，低渗透层和薄层都十分发育。这些层在地下面积很大，容量十分可观，是一个巨大的地下资源宝库。但是，由于受到当时各项开发技术的限制，这些层被划入“另册”。但王启民意识到，大庆油田在未来的开发中要想保持稳产，就必须走“从肥到瘦、从厚到薄”的道路。于是，他就从油田长期稳产的大目标出发，决心去敲开这些地下宝藏的大门。

王启民和搞工艺的同志相互配合，在中区西部的试验区大胆地搞了五口双管采油井进行试验。一个油管采已经高含水的主力油层，一个油管采动用较差或没有动用的低渗透层和薄层。通过双管的生产，各采各的层，防止了层间干扰，从而使每口采薄差层的油管产量日均达到10吨以上。

接着，他们又搞了一个开发被闲置的低渗透高台子层的试验，也获得了单井日产10—20吨的好效果，使整整一个油层组获得了“新生”。

为了石油事业，几十年来，王启民一直都在尽职尽责地践行着一个科技工作者应履行的责任和义务，为大庆油田的稳产高产献出了自己全部的精力和热情，为祖国的石油事业作出了巨大的贡献。

心灵物语

“一个人生命的价值不在于你拥有了多少，而在于你奉献了多少。”王启民不为名，不为利，默默工作，尽职尽责，从来不图任何回报的工作作风值得当代人学习。

史海钩沉

母亲的呼唤

王启民是浙江人，在被调往大庆油田工作后，一走就是35年。在这期间，他只回过老家一次，而且也只住了四天，还是利用在参加南方一个会议的间隙回去的。

1992年，81岁的老母亲病重期间，王启民的弟弟来信，一定让他回去看母亲一眼，说："虽然母亲中风不能说话，可经常用手指着你的照片，想看你一眼是母亲最大的心愿。我们兄弟三人怀着悲痛的心情，合力呼唤你。大哥，为了母亲能闭眼离开，你无论如何都要回来一趟。"

读着令人肝肠寸断的信，王启民真恨不能马上就回到母亲身边，可是，当时正赶上油田筹备召开一个重要的技术会议，他根本无法离开。忍着揪心的难过，王启民终于还是没有回去送母亲最后一程。

■文苑荟萃

废寝忘食

"废寝忘食"指为做一件事顾不得睡觉，忘记了吃饭。形容做事专心努力。

成语出自《论语》，是一个关于孔子的故事。

孔子年老时，开始周游列国。在他64岁那年，来到了楚国的叶邑（今河南省叶县）。

叶县大夫沈诸梁热情地接待了孔子。沈诸梁人称叶公，他只听说过孔子是个有名的思想家、政治家，教出了许多优秀的学生，可他对孔子本人并不十分了解，于是向孔子的学生子路打听孔子的为人。

子路虽然跟随孔子多年，但一时不知怎么回答，就没有作声。

以后，孔子知道了这事，就对子路说："你为什么不回答他'孔子的为人呀，努力学习而不厌倦，甚至于忘记了吃饭，津津乐道于授业传道，而从不担忧受贫受苦；自强不息，甚至忘记了自己的年纪'这样的话呢？"

孔子的话，显示出他由于有远大的理想，所以生活得非常充实。

第二篇

爱岗敬业敢担当

周亚夫恪职得帝信

周亚夫（公元前199—前143年），西汉时期的著名将军，沛县（今属江苏省）人，名将绛侯周勃的次子，在历史上是非常有名的军事家。在七国之乱中，他统帅汉军，三个月平定了叛军，后死于狱中。

西汉文帝后元六年（公元前158年），匈奴贵族大举进犯北方疆域，一封封告急书送达朝廷。汉文帝立即任命祝兹侯徐厉、河内守周亚夫等人为将军，分别驻守棘门、灞上和细柳，防御匈奴侵犯京城长安。

许多天过去了，将士们日夜驻守在驻地，很辛苦。文帝带着随从亲自去驻地慰问。

文帝先到灞上和棘门。守门的见是皇上，二话不说，赶快打开大门跪迎。文帝和随从骑马进入军营。将士们有的在闲聊，有的在嬉闹，见皇上突然驾到，急忙整装，列队迎候圣驾。

文帝最后来到周亚夫防守的细柳营，随从们先去通报，只见守门的将士个个身披盔甲，刀出鞘，箭满弓，如临大敌似的戒备森严，不让他们进入。文帝的随从们所到之处，从来都是直进直出，不敢有人阻拦，今日竟被周亚夫的士兵挡住道，十分气恼，大叫道："天子就要到了！"

守门的都尉拱了拱手说："请原谅，军中只听将军的命令，没有天子之诏。"仍然不放他们进军营。

这时，文帝已骑马来到营门口，见守门的不放他的随从进入，就对守门的都尉说："我是皇上，请让我们进去！"

"没有将军的命令，任何人不得入内。"都尉和守门的官兵连皇帝也不放。

文帝只得派使臣持符节去向周亚夫宣诏："皇上亲自来军营慰问将士，赶快接驾！"

周亚夫这才命令守门的都尉打开营门，让文帝一行进入。守门的都尉对骑在马上的文帝说："将军有令，军中不得骑马。"文帝和随从只好下马，遵守军中纪律，牵着马缓缓前行。

周亚夫一身戎装，等候在军中大营。他手握兵器，只对文帝作了个揖说："我身负护国大任，只能以军礼相迎，请皇上见谅！"

随从人员见周亚夫一个小小守细柳营的将军，对皇上如此无礼，气愤地对文帝说："周亚夫也太不像话了，竟然连皇上也不放在眼里。"文帝却赞叹道："这才是真正的将军！我们先前到棘门、灞上，那儿纪律松散，这样松松垮垮的军队是很容易被敌军袭击俘获的。只有这里保持高度警觉，固若金汤，谁也侵犯不了。有周亚夫这样的将军护国，我就放心了。"

文帝死前，对他的儿子刘启说："将来有事，可依仗周亚夫。"

果然，公元前154年，景帝刘启靠周亚夫平定了以吴王刘濞、楚王刘戊等七个藩王挑起的"吴楚七国之乱",大大巩固了西汉王朝的政权。

心灵物语

周亚夫并没有因皇帝驾到而对军规通融一下，正是他的这种精神，才得到了皇帝的信任和部下的拥护，为以后立下大功奠定了基础。他恪尽职守、敬业乐业的精神值得称颂。

史海钩沉

周亚夫智勇平叛灭吴王

汉景帝三年，即公元前154年，吴王刘濞联合楚王刘戊、胶东王刘印等七国发动叛乱。汉景帝任周亚夫为太尉，命其领兵平叛。

这时的叛军正在猛烈攻打梁国，但周亚夫并不想直接救援。他向景帝提出了自己的战略计划，并得到了景帝的认可。

此时，梁国被叛军轮番急攻，梁王向周亚夫求援，周亚夫却派军队向东到达昌邑城（在今山东巨野西南），坚守不出。梁王再次派人求援，周亚夫还是不肯发救兵。最后，梁王只好写信给景帝，景帝又下诏要周亚夫进兵增援，周亚夫还是不为所动。但是，他暗中派军截断了叛军的粮道，并劫去叛军的粮食。叛军无粮，只好先来攻打周亚夫。

由于事先有了准备，周亚夫很快就击退了叛军。叛军因为缺粮，最后也只好退却，周亚夫趁机派精兵追击，取得了胜利。

文苑荟萃

荆楚文化

“楚辞”这一名称，源自西汉时期。它有两种含义：一种是诗体名，指的是战国后期由屈原等楚国诗人以楚地民间语言和民歌为基础而创造的一种诗歌载体；另一种是诗歌总集的名称，指的是由西汉刘向辑录屈原、宋玉等人的作品，以及后人模拟的作品，名为《楚辞》。

由于屈原是楚辞的开创者，所以他的作品在质量和数量上都是最具有代表性的。后人在提及楚辞时，没有不提到屈原的代表作《离骚》的，并经常以“骚”“离骚”来作为楚辞的代称。

楚文化与荆楚文化同属于一个概念，都是指由楚人、楚国创造而长期沉淀的文化实体和形态。荆楚文化也是中华民族文化的重要组成部分，它源远流长、博大精深，具有鲜明的地域特色和巨大的经济文化开发价值。

刘穆之事无壅滞

刘穆之（？—417年），字道和，小字道人，东莞莒（今山东莒县）人，世居京口（今江苏镇江）。刘穆之晋时至左仆射，赠侍中司徒，为南昌县侯；宋时受禅追封南康郡公，谥文宣。

刘穆之是辅佐刘裕创建南朝刘宋政权的主要助手，处理政务以决断如流著称于世。

东晋末期，北府军将领刘裕起兵反对篡夺政权的桓玄，刘穆之受任为主簿。刘穆之被刘裕重用以后，刘裕有什么不懂的问题，都是要咨询刘穆之的。刘穆之扶持刘裕也是竭尽全力，并很忠诚，总是从大局出发，全心全意辅佐刘裕。

刘裕攻占京都后，主要的施政措施都出自刘穆之的建议。

东晋后期存在着法纪松弛政令不行、士族豪门倚仗权势随意侵夺、庶民百姓屡遭欺凌无法生存等严重的政治问题，老百姓处于水深火热之中。东晋政权无法改变这样的现状，但在刘穆之的手上，先是“随方矫正”，结果不满十天，风气顿时有了改变。由此可见，刘穆之不但办事讲求效率，而更重要的是，他在从政方面的确是很有办法的。

刘裕出征南燕及回军抵御卢循时，刘穆之随军征讨，“常居幕中画策，决断众事”，深得刘裕信任。

义熙八年，刘穆之升任京都最高行政长官丹阳尹。以后刘裕外出征讨时，就将留守京都的重任交付给刘穆之。

义熙十二年，刘裕北伐后秦，刘穆之以尚书左仆射、丹阳尹留守的职务主持朝政，统留守诸军，掌选举事务，并负责大军的后勤供应。诸项事务千头万绪，但他精力过人，应付自如。史称："穆之内总朝政，外供军旅，决断如流，事无壅滞。"这里有一个关键词，就是"决断如流"。处理问题，很快、麻利；作决策当机立断，没有半点儿拖泥带水。似乎也就是这样一些情形，形成了"决断如流"吧。

"宾客辐凑，求诉百端，内外谘禀，盈阶满室。"来访的客人，奏报的折子，请求解决问题办事情的，内外咨询问题禀报事情的，人多到什么程度呢？屋子里盛不下，进不来门的，没别的办法，只好在外边的台阶上等候了。

"目览辞讼，手答笺书，耳行听受，口并酬应，不相参涉，皆悉赡举。"能以眼、耳、口、手娴熟地处理政务，且互不相扰，确堪称一绝，难怪他能"事无壅滞"。

以上文字虽然不多，但从刘穆之处理军国大事事无巨细的场面上到他的精神风貌上，都能够看出他的聪明、智慧，也能看出他办事干练，处理问题果断。同时，在这样纷繁复杂的事务工作面前，他还能充分运用自己的眼睛、耳朵、嘴和手等器官、肢体，全都用来办事情、处理问题。就凭这一点，他就称得上是一个超常的人。

义熙十三年十一月，刘穆之积劳成疾而逝世，时年58岁。当时刘裕已攻破后秦，在长安（今陕西西安）听到消息后，哭之甚恸，曰："丧我贤友。"

由于刘穆之死后，没有亲信重臣留守京都，"大事昔所决于穆之者，皆悉以谘"。刘裕只好改变"顿驾关中，经略赵、魏"的战略部署，留下兵马镇守关中，自己退回彭城（今江苏徐州），以就近控制朝政。这最终导致了关中的得而复失。

刘裕在取代东晋建立起宋王朝后，经常哀叹刘穆之早逝，说："穆之不死，当助我理天下，可谓'人之云亡，邦国殄瘁'。"这正是对刘穆之一生勤于政务的最好总结。人没有生而知之者，超常的才干必然要付出超常的努力，刘穆之因工作压力过大，积劳成疾，英年早逝。

心灵物语

刘穆之业务熟练，才干超群，不管任什么职务，都能胜任，不管负什么责任，都能得心应手。除了个人能力强的原因之外，对工作尽职尽责的精神也是他受人赞扬的主要原因。

史海钩沉

门阀政治与北伐

东晋是由西晋皇室后裔司马睿在南方建立起来的朝廷，统治范围因中原陆沉，形成了特殊的统治形式。

东晋是门阀政治发展最鼎盛的时期，皇权日渐衰落。由于司马睿在称帝时有赖于南方官僚士族的拥戴，尽管在东晋政权建立初期司马睿先后平息了王敦和苏峻之乱，统治趋于稳定，但门阀大族王、谢、庾、桓还是先后支配着王朝的政局。

东晋虽然偏安于江南，但历代帝王在位时都希望可以收复北方的国土。其中，以四大家族为主的北伐在东晋时期就进行过多次。311 年，大将祖逖出兵收复河北，但后来由于受到朝廷的排斥忧郁而死，最终未能完成统一大业。在此之后，当权的士族多标榜北伐，以增加自己门户的威望。其中，以桓温的三次北伐最为著名。他曾收复洛阳，进入关中，进兵河北，但最终也没有能够巩固北伐成果。

383年，前秦南下，东晋面临空前的威胁。在宰相谢安的运筹下，谢石、谢玄率领北伐军大败前秦军队，取得了淝水之战的决定性胜利。此后，谢安立即使其弟进军北方，收复了徐、兖、青、司、豫、梁六州，取得了东晋北伐历史上的第一次重大胜利。

此后，南方因外乱威胁解除而爆发了内乱，孙恩、卢循起兵。桓玄在内乱中获胜，一度篡晋。北府兵将领刘裕起兵镇压了农民军，并通过北伐树立威望，最终取代了东晋。

文苑荟萃

五胡十六国

五胡十六国指的是自西晋末年到北魏统一北方期间，曾经在中国北部境内建立起政权的五个北方民族及汉族所建立的政权。五胡是指匈奴、鲜卑、羯、氐、羌族；十六国是指前凉、后凉、南凉、西凉、北凉、前赵、后赵、前秦、后秦、西秦、前燕、后燕、南燕、北燕、夏、成汉。这个时期在历史上也被称为“五胡乱华”时期。

沐英镇守云南尽职责

沐英（1344—1392年），字文英，安徽凤阳人，朱元璋义子。沐英早年随朱元璋四处征战，多有功绩，明朝建立后，沐英留镇云南。

早在洪武十五年（1382年）春，明朝廷就在云南设置都指挥使司和云南布政使司，建立起了统理云南的军政机构。地方则设置卫、所，辟筑驿道，形成了一套统辖系统。以后，云南又被分为52府、63州、64县，民政系统也日趋完备。明军平定云南后，朱元璋命沐英留镇。

沐英性格深沉坚毅，不喜欢说笑，但喜欢贤能的人，而且礼待士人，安抚军队讲求信义，没有随便杀过人。

沐英治理云南期间，大抓屯田，解决了云南地区的粮食问题。洪武十九年（1386年）九月，他上疏朱元璋，说“云南地广，宜置屯田，令军士开耕，以备储蓄”。朱元璋同意了沐英的建议。沐英便令军士且戍且屯，既解决了吃粮问题，又稳固驻守，可谓一举兼得。

沐英还下令，招募省外人来云南屯田。朱元璋支持沐英的屯田政策，便命外省军人到云南地区屯田。一时间，云南屯田大兴，粮食收获大有增加。沐英还以屯田的增减来考察官吏的政绩，赏罚有功的官员。沐英管理云南九年，屯田总数达到了百万余亩，极大地促进了云南地区的农业发展。

沐英还组织民工疏浚河道，扩广滇池，兴修水利；招商人入滇，运进米谷帛盐以发展商业。开发盐井增加财源，是沐英治滇的重要内容。

他还整修道路，保护粮运，使云南的农商都有发展。增设府、州、县学达几十所，择选民间优秀少年及土官子弟入学，月赐饮膳，年赐衣服。沐英本人则“居常读书不释卷，暇则延诸儒生讲说经史”。

在沐英统治时期，云南相当安定。洪武二十二年（1389年）冬，沐英入朝，朱元璋赐宴奉天殿（皇帝办公的正殿），给予厚重赏赐。朱元璋高兴地说：“使我高枕无南顾忧者，汝英也。”

洪武二十五年（1392年）六月，沐英病卒于云南，年仅48岁。朱元璋十分痛心，命归葬京师，追封黔宁王，谥昭靖，侑享太庙。

□心灵物语

沐英留镇云南，忠于职守，尽职尽责，使云南得以长治久安，不但得到了皇帝的赞赏，也受到了云南各族人民的赞扬。至今说起沐英治滇的事迹来，也还得到后人的钦佩。

□史海钩沉

沐英取云南

元末明初，沐英以征南右副将军的身份，与永昌侯蓝玉跟随将军傅友德一起攻取云南。元朝的梁王派遣平章达里麻带领十多万军队在曲靖（今云南曲靖市）抵御。沐英冒着大雾急驰白石江，雾散后，两军彼此相见，达里麻大为惊讶。

这时，傅友德想要过江，沐英劝阻说：“我军已疲惫，恐怕要为元军阻遏。”然后就率各师严密布置好阵势，像是准备要过江的样子。而实际上，沐英则出奇制胜地命军队从下游过江，出现在元军阵地之后，在山谷间布置好迷惑敌人的旗帜，每人吹一铜号角。元兵因害怕而骚乱起来。沐英急忙指挥军队过江，让善于游水的人做先锋，用长刀砍杀元军。元军退却，沐英的军队全部过了江。

激战很长时间之后，沐英又放出精锐的骑兵，大败元军，活捉了达里麻，元军的死尸横卧十几里。沐英的军队以不可阻挡之势进入云南，梁王逃走而死，右丞观音保献城投降，所属各郡全部攻克。

文苑荟萃

柳营洗马

（清）陈荣昌

不图城市里，乃有亚夫营。
伏枥新羁马，和戎罢旧兵。
愿将凡骨洗，誓与乱流争。
神骏滇池出，边尘会荡平。

注：1386年，沐英筑昆明砖城，将翠湖圈入城内，并在翠湖西岸建“柳营”，种柳牧马。沐英爱马，常在柳营河边看兵士洗马。

李信圭为民谋福尽忠

李信圭（生卒年不详），字君信，泰和人。明代洪熙年间以贤良被举荐，被授予清河知县之职。

明代洪熙年间，李信圭被举贤良，授官清河知县。清河地傍洪泽湖，“县瘠而冲”，是南北漕运的要道，“官艘日相衔，役夫动以千计”。

在这样的地方，一般谁都不愿前去做官，而李信圭却从洪熙年间起就在清河县任知县，前后共22年，将毕生的精力都献给了清河。

李信圭刚刚到任时，就率先解决了清和县存在已久的两个“老大难”问题。

第一件事，是妥善地解决了“助役两便”的难题。

在清河县，为漕运出劳役是一件大事，李信圭的前任因为解决不了这个问题，经请求上级同意，由临近的县出500个劳动力为清和县境内的漕运干活。这样一来，似乎减轻了清和县的负担，漕运也可以正常运转了，但随之而来的，是临近的县派来的劳动力因远离家庭，衣食住行等诸多生活问题都难以解决。

还是李信圭有办法，他请示上级同意，免除了邻近县来清和县的漕运劳动力，让邻近的县代出清河县的部分徭征，这样一来，两县都较以前方便了许多。

第二件事是移风易俗，改革陋习。

妥善解决了漕运人力问题之后，李信圭便开始改革当地的陋习。当地百姓苦于生计，常常乘夜纵火或挖掘坟冢以泄私愤。

放火，掘祖坟，虽然是小人报复仇人的行径，根本摆不到桌面上来，见不得阳光，但是，人被逼到一定程度，也只能这么做以泄私愤。

为了彻底破除这种陋习，李信圭拟定了13条教戒，并命令里甲和百姓把教戒书写在木牌上，挂在村屯以及街道最显眼的地方，使人们都能看得到，并规定每个月的月初和月中挂出来，“出示儆戒”。李信圭又让他们在木牌上写上里甲间勤惰善恶之事，表彰勤善，批评惰恶，在民间产生了很大的影响，风俗也随之发生了变化。

李信圭在整顿民风的同时，上书朝廷，请求免除一切有碍农业生产的杂役，朝廷同意了李信圭的请求。从此，清河县的老百姓渐渐有了从事农业生产的条件。

正当清河县人民的生活刚刚有了起色时，又遭遇大旱，“饥民遍野，飞蝗蔽日”。李信圭奔走请示上级，请放贷赈济，减缓征派。除了旱灾之外，淮水泛滥更是常事。每到这个时候，李信圭便上下忙碌，又是体恤民情，又是请求赈济。

李信圭公务繁忙，母亲又患中风病躺在床上，李信圭白天忙于政务，晚上还要侍奉老母，夫妻相敬，兄弟友爱，为清河人民作出了表率。

正统元年，李信圭的事迹被朝廷知道了，提拔他为蕲州知州。清河百姓闻讯，500多人赴京上书乞留，朝廷命李信圭以知州之职仍留理清河县事。

李信圭多年如一日为百姓操劳的举动感动了当地百姓，以至县里有公务要办，不必派人追促，只要约定日期，到时全都前往无误。民间发生争讼，李信圭喻之以理，让他们回去反省，往往未等再审，都主动罢讼。李信圭还让县民收拾南北道上死无葬所的外地路人骸骨，建起了三座大冢，从此人们都知道清河县有位贤德的好官，县民们也都引以为幸。

正统十一年，李信圭再次得到升迁，将去赴任处州（今浙江丽水）知府，使者持符来到清河，请李信圭即刻赴任。消息传出，“一邑之民，无少长愚良，皆流涕，愿留而不可”。李信圭在百姓恋恋不舍之中离开了清河，这时他已在清河度过了22个春秋。

第二年春天李信圭来到处州时，处州已久旱无雨。他初到时，便下了一场好雨，人们把这场雨同李信圭的到任联系起来，都说来了个好官。

史书中略记了李信圭来到处州后的作为：“进耆老问风俗，禁民间生女不举，有丧不葬而焚弃者。择城北闲地数十亩为义冢，葬遗骸，凡无葬地者皆许葬其中，民大化服。方询察利病，次第罢行之，而疾作矣。”

谁能想到，这些事都是李信圭到处州后一个月之内完成的。这一年五月初八，李信圭病逝于处州知府任上，终年63岁。

同僚和处州的百姓惊愕了，他们刚自庆幸得一好官，一月之后却又失去了他。人们不禁痛哭失声，有人说，这不是李信圭的不幸，而是处州百姓的不幸。清河县百姓闻讣更是哀悼不已，为李信圭，这个为他们谋福祉的好官立祠致祀，永远怀念。

心灵物语

李信圭“助役两便”，革除陋习，移风易俗，整顿民风，为民谋福祉，将自己的一生都献给了清河，献给了自己的岗位，这种永恒的责任意识值得后人效法。

史海钩沉

明朝官吏的选任制度

明朝时期，官吏的选任制度是明朝政治制度的重要组成部分。

明朝时期的官制分为两个部分：选官制度和任官制度。在这里只介绍明朝的任官制度（后文如无特殊说明，官制即为任官制度）。

明朝的官制分为中枢、地方、军事官制三部分。为了加强中央集权，明朝废除了沿用已久的三省制，也罢免了宰相职，由六部直接对皇帝负责，明朝首创的内阁就成为六部之上的中央最高行政机构。

地方官制，明朝共设立了省、府、县三级行政机构。

军事官制，明朝设锦衣卫。武官第一次掌有监察百官万民之权。

明朝官制在汉、唐旧制的基础上，又有所发展，其官制影响一直延续到清朝，甚至是今天。

文苑荟萃

古镇清河

清河县位于河北省东南部，隶属于河北省邢台市，面积为 502 平方千米，是一个历史悠久的古镇，旧名为甘陵，曾经为郡、为国。

清河之名始于汉代。据《嘉靖广平府志》中记载，汉高帝四年（公元前 203 年），设置清河郡（治在清阳县，即今清河县地），因境内有清河流经而得名（《水经注》记：“清河又迳清阳县故城西”）。东汉时期，郡治徙于甘陵县（今山东省德州市陵城区），遂更名甘陵郡。三国魏时，郡、县（甘陵县）均改名为清河，但其县并非今清河县境（治在今山东省临清市）。北齐时期，在今清河县地设武城县，并迁清河郡治此，于开皇六年（586 年）改武城县为清河县。自此，清河县才得以名副其实。

任环尽职守土抗倭

任环（1519—1559年），字应乾，号复庵，山西长治人，明嘉靖二十三年（1544年）进士。任环历知广平、沙河、滑县三县，后迁苏州府同知，以御倭功擢按察使佥事，整饬苏淞二府兵备道，仕至山东右参政。任环著有《山海漫谈》三卷，有《四库总目》传于世。

明朝时期的任环在当了几任知县后，获得了很好的名声，便升任苏州府同知。

在倭寇刚刚兴起的时候，上级长官不精通军事，而任环又性格直爽慷慨，便挺身而出，担当抗倭重任，并挑选精壮兵士亲自训练，“率之以诚，结之以恩，激之以义，作之以勇，教之以挑、搏、击、刺之法，偏伍拒覆之方。人人感奋，不日而练”，很快便训练出一支素质精良的队伍。

明嘉靖三十一年（1552年）以后，我国东南沿海各地的倭患日益严重。大批的倭寇都聚集在陈钱山（指长江口外东海上外沙岛、白沙岛等礁岛），并以这个小岛为巢穴，打造战舰快船，铸制火炮弹丸，储备米粮蔬菜肉食品及淡水等，开始年复一年的海盗式侵略。在前后的三四年间，江浙一带的军民竟有数十万人被倭寇杀害，财产、房屋等损失更是不计其数。

明嘉靖三十二年（1553年）三月，海贼汪直（皖南歙县人）勾结倭寇的主力部队入侵浙江。浙闽沿海千余里同时告警。即便有戚继光、俞大猷、胡宗宪等将帅分别率官军堵截倭寇，浴血奋战，但倭寇十分狡诈，行踪经常飘忽不定，又是几路出击，防不胜防。

其中，有一支数千之众的倭寇躲开戚家军的堵截，攻破了昌国卫与川沙要塞，侵犯太仓、上海、江阴、乍浦、金山卫、崇明岛等地，又侵袭嘉定、常熟等七县、镇，沿途抢掠烧杀。遇到明军与乡民的顽强抗击，倭寇为保存实力，并不恋战，而是且战且行，一路上滥施暴行，城乡百姓损失惨重，死伤无数。

到五月初，这支倭寇在嘉定城外的外岗附近遇到了官军和乡民的殊死抵抗，倭寇以敢死队百余人各持长倭刀与火药罐，发起冲锋。这些人根本不讲究阵法，而是呼啸而上，狂砍乱杀一气，并纵火制造恐慌。官军乡民都纷纷后退，眼看嘉定城就要失守了。

就在这危急之际，任环率领千余名精锐士兵赶到，并立即投入抗击倭寇的战斗当中。他们使用砍刀、弓弩和火铳，杀向倭寇。双方肉搏或近战。倭寇遇到劲敌，倭酋下令去砍官军所骑战马的腿。任环见状，急令官军下马冲杀，他自己也奋勇当先，出手疾如闪电，连着砍倒数名倭寇。他“血浸战袍，负伤三处犹狂呼杀贼”，他的勇猛精神极大地鼓舞了军民们，大家同仇敌忾，拼死搏杀，战斗反败为胜，倭寇弃尸百余具，狼狈而逃……

任环率领部下进入嘉定城，受到了军民们的热烈欢迎。在县衙里，任环又让郎中帮助包扎了伤口，和部下暂作休整，吃饭、喂战马、补给粮草……

不想在当日的下半夜，苏州府赶来了一名哨官，向任环禀报说：“因有一大股倭寇乘船自嘉兴横渡太湖，向吴江而来，苏州告警，十万火急！知府已令任环紧急回防。”

任环顾不上征途的疲劳，马上又率部队驰返苏州。知府已全副披挂，见到打了胜仗回来的任环，总算松了口气。他当即下令关闭各城门，准备作战。任环指挥官军、乡勇和百姓们将神机火炮抬上城头，又往城头上抢运檑木、石块等，以防倭寇攻城。

这时，乡下数万老百姓扶老携幼，背着包袱，拥来城下，绕城哭号，请求打开城门，让他们进城，以躲过凶恶的倭寇的残杀。知府担心倭寇的前锋人马会混夹在乡民中进城，来个里应外合，因此不想打开城门。就在此时，任环巡城回来，力排众议，要求知府打开城门。他慷慨激昂地说："吾辈衣食俸禄全赖同胞供给，安能置十六乡八镇乡民生死存亡于不顾？尔等何必惧倭贼如虎狼。吾愿担承责任！"

知府感于任环的负责精神，即下令打开四城门，让乡民尽数撤进城里。这样一来，救活了几万人。尾随而至的大队倭寇闻知任环已回防苏州，先自胆怯几分，一部分倭寇想冲杀进城，受到严阵以待的官军和乡勇们开炮放铳还击，被迫退却。

在与倭寇的作战中，任环又很注意发挥表率作用。新兵首战，他就将名字写在腹背手足，以必死的决心激励兵士，以致"公恐失士而先登，士惧公失而争进"，每一次战役都争先恐后，连连告捷。后来进剿倭寇于芦苇滩头，任环又与兵士同睡茅草，同吃粗粮，缺水时让兵士先喝，遇危桥让兵士先过。上司有了赏银，甚至连同自己的俸禄，他都一块分给士兵。为此，兵士们都十分感激这位任公，不惜性命去保护他。在一次短兵相接中，任环身负三处刀伤仍在力战。在这危急关头，一位厨师不惜以身向刃，保护任环幸免于难。任环哭祭，上下同心，人人都视死如归，每战无往不胜。

在苏州任上，任环大小经历了100余次战役，先后斩敌5万多人，保城20余座，由此得以存活的百姓无数。正因为如此，乡民们为任环建祠立碑。至今，在苏州城里还保存有一座任公祠，凭吊者不绝。

当任环身负重伤仍临阵于外时，妻子和孩子都劝他暂时回来躲避，他责怪妻儿"何风云气少，儿女情多耶"，声言"吾誓不与贼俱生"，并以"臣死忠，妻死节，子死孝"要求家人。然而，当他的母亲去世时，他却因战于苏州未能回潞州尽孝；任环当时背疽病发，身带刀伤，仍乘舟海上与倭寇周旋。

正当任环展现抱负之时，却积劳成疾，久病未治，年仅40岁的抗倭英雄便这样过早地离开了人世。

心灵物语

任环在倭寇猖獗之时，尽职尽责地守土抗倭，舍生忘死地保护百姓的生命财产安全，是当之无愧的民族英雄。他的事迹也理应受到后人的颂扬。

史海钩沉

任环血战

在任环任苏州同知的时候，正赶上倭寇从海上入侵，任环积极组织乡民进行操练，以抵御倭寇的入侵。

有一次，倭寇来袭，任环率兵士数百，与倭寇相持数日，双方各不相让。后来倭寇主动撤退，又去入犯太仓。任环又率军急忙赶往太仓迎敌。在太仓、宝山一带(今上海市附近)，任环同倭寇展开了短兵相接的搏斗。

任环作战十分勇敢，在同倭寇的战斗中，身受三处重伤。后来，是他的厨夫英勇地保护了他，才让他免于牺牲。在这次战斗中，任环虽然没有取得胜利，但他并不甘心，回到营帐，包扎了伤口，又率兵出战，斩杀和俘虏倭寇100多名，给了倭寇一个较大的打击。以后，他又接连取得了几个小的胜利。战后，任环被提升为按察司佥事。

文苑荟萃

抗倭诗五首

(明)徐　渭

其一

岛夷岁岁理舟航，入寇三吴与浙江。
分向沙洲知几道？将军著处驻油幢。

其二

短剑随枪暮合围，寒风吹血着人飞。
朝来道上看归骑，一片红冰冷铁衣。

其三

七尺龙蟠皂线绦，倭儿刀挂汉儿腰。
向谁手内亲捎得？百遍冲锋滚海蛟。

其四

无首有身衹自猜，左啼魂魄右啼骸。
冯将老译传番语，此地他生敢再来？

其五

夷女愁妖身画丹，夫行亲授不缝衫。
今朝死向中华地，犹上阿苏望海帆。

吴道南居官有操守

吴道南（1550—1623年），字会甫，号曙谷，崇仁二都石庄（今石庄乡石庄村）人，历任浙江主考官、东宫直讲学士、礼部侍郎等职，为明代后期的名臣。

吴道南可谓大器晚成。万历十七年中，吴道南39岁时才得中进士第二名，首任职务为编修。万历二十二年，吴道南参与主试顺天。三十七年，主试京省，严肃处理了以宦官养子入监，贿赂考官，登第四人的郑汝矿作弊事件。同年，吴道南被任命为少詹事兼为翰林院侍读学士，进左中允、左谕德、少詹事等。

万历三十七年，吴道南擢礼部右侍郎兼翰林院侍读学士，受权全面处理礼部的日常事务，综览时局，忧国忧民，曾先后多次奏请罢除诸税，赈济灾民，减轻百姓负担，还上疏奏请追封被害忠臣。

万历年间，京师久旱不雨，黎民饥饿号哭，吴道南非常焦急忧虑，上疏直言陈述时弊，请示改革时政，整饬朝纲。

在奏疏中，吴道南指出了五个方面的“郁积”：一是太子久住深宫，既不听经世济邦之理，又不勤于练习政务之能，使聪明智慧有失天下之本；二是司法部门做事不力，无人审案议罪，致使监狱人满为患，有进无出，愁愤之气甚重；三是权党制造冤案，陷害忠良，正义得不到伸张；

四是朝廷宫内，积蓄如山，而平民百姓却无半载之粮，饥饿难忍，得不到应有的救济，任其死亡、逃荒，民不安生；五是不少有用官员被废弃，终老山林，损失很大。

吴道南认为，应该把这个涉及上上下下、内内外外、官官民民的几个方面的“郁积”予以解除，才能雨露遍天下，让国家振兴起来。

吴道南指出的这些现象在万历中期确实是存在的，甚至是有过之而无不及。事实上，万历皇帝朱翊钧经常闲居深宫，整日只知道寻欢作乐，不问朝政。尤其是万历十七年以后，皇帝既不上朝，也不处理国家大事。大量的奏疏长期积压，史称“留中”，实际却是弃之不问。皇宫内部和官僚之间的斗争也是日益加剧，许多大臣、正义之士或辞官去职，或“拂然而去”，或挂印而归，或拜疏自离。政治一片混乱，几陷于瘫痪境地。

因此，当时吴道南尽职尽责的侃侃疏言，耿耿公禀，被神宗置之不理也就是自然的了！

不过，吴道南重理朝政的奏疏虽未得到应有的采纳，但他为国为民尽忠职守的心坚持不懈。《明史》中称他：“遇事有操执，明达政体。”他不为一时的变易所动，也不被一时的气色所蔽，亮节有守，妥善有度，处事适宜。万历年间，朝鲜贡使返国前要求购买一批火药，吴道南执言奏请不予批准，被廷议采纳。辽东议定举行考试，择优良录仕，吴道南又以边防要地，重在习武练兵，责在严于守土，开科试士应由国家统一来举办。这些建议，后来都得到了采纳。

万历三十八年(1610年)，吴道南升任为礼部尚书。他先后三次以守父丧为由上书辞谢，但都没有获得恩准，只好赴任。

在赴任的一路上，吴道南择车简从，不事铺张，迎送礼仪皆免，所往之处，无人知其为台阁辅臣。“居官自有操守，辅政不为诡随”。而且，他为人秉性善良，广交良友，经常和老百姓促膝共叙。

万历四十四年，吴道南偕同礼部尚书齐楚先主持会试。副都御史沈秀文之子、吴江举人沈同和目不知书，却通过贿赂礼部官吏和收买同乡赵明阳，“以带细册入闱”“同邑赵鸣阳助完之”的办法，共同作弊，结果沈同和得第一名，赵明阳得第六名进士。

金榜公布以后，“京都大哗”，春闱之地一片喧嚷。吴道南闻讯，当即奏请将沈同和下贬谪戍，赵明阳也被除名，使不法者得到了应有的惩罚。

沈同和作弊案被处理后，吴道南身为主考官自责“臣辱国已甚，请立罢黜”，请求辞官归故，杜门不出。第二年，吴道南又上疏27条，作为告别朝廷的奏折。神宗阅疏，仍予勉留，不许致仕。适逢吴道南继母去世，便准他速归，并赐道里费，遣人护送吴道南回乡。

吴道南中年入仕，在朝廷为官20余年，清廉淡泊，不阿附权贵，不谋私情，而且平易近人，从不因高官显爵而盛气凌人。在任东阁大学士时，吴道南行装简朴，不仅没有过高过分的要求，即使按规定应有的供给、护从等，也都一律拒绝。他官至皇帝的辅臣，而他的家产却不及一般中等人家。他虽长期从政为官，但在学业上也颇有成就。

心灵物语

吴道南身临天下乱局，却能尽忠职守，遇事敢于负责，又不推卸责任。这种尽职尽责的精神是难能可贵的。尤其是他为责任不恋职位、辞官去职的品质更令后人敬仰。

史海钩沉

万历怠政

明万历年间，全面否定首辅张居正的改革，是明神宗朱翊钧本人由勤变懒、全面废弃励精图治的标志。当朱翊钧彻底摆脱了张居正的束缚之后，便开始了他的独裁统治。从此以后，朱翊钧像完全变了一个人一样：昔日少年天子的气派与风采已经不复存在，取而代之的是长年深居禁宫，嗜酒、恋色、贪财，私欲膨胀，恣意妄为。

独裁统治的背后也必然隐藏着严重的危机。万历二十年（1592年）二月，宁夏副总兵哱拜起兵反叛；五月，日本发动侵朝战争；同时，西南地区又发生播州杨应龙叛乱。朱翊钧被迫三路出征，史称“万历三大征”。

三征共历时十余年，虽然获得全胜，但丧师数十万，耗银千万两，致使国库空虚、百姓遭难，张居正变法的积累也被消耗殆尽。由此，明朝开始一步一步地走向衰退。

就在朱翊钧隐居深宫、怠于临政、万事不理之际，东北的后金却迅速崛起，努尔哈赤以30年的时间统一了满洲的女真各部落，并于万历四十四年（1616年）建立了后金政权，形成了与明王朝相对立的地方政权。

朱翊钧为了应付辽东战事的军费，先后三次下令加派全国田赋，时称“辽饷”。这一举措不但没有解决根本问题，反而导致民不聊生，阶级矛盾更加激化，明王朝灭亡的危机已然形成。因此后人评论说，“明之亡，不亡于崇祯之失德，而亡于神宗之怠惰”。

文苑荟萃

题画诗

（明）吴道南

野旷风高不起埃，树根倚坐半侵苔。
夜来化作灵槎去，直向天边泛斗回。

郑板桥为官造福一方

郑燮（1693—1765年），字克柔，号板桥，江苏兴化人，清代著名画家、书法家、文学家，康熙秀才，雍正十年举人，乾隆元年进士，官至山东范县、潍县知县。郑板桥客居扬州，以卖画为生，为“扬州八怪”之一。郑板桥工诗词，善书画，擅画花卉木石，尤长兰竹；书亦有别致，隶、楷参半，自称“六分半书”。其诗、书、画世称“三绝”。他一生画竹最多，次则兰、石，但也画松画菊，是清代比较有代表性的文人画家。

郑板桥是清朝康熙年间的秀才，雍正年间的举人，乾隆年间才考中了进士。中了进士，才有做官的资格，但官额有限，郑板桥等了四五年，才补缺做了个七品县审。这时，他已经50岁了。

乾隆七年（1742年）春天，郑板桥来到山东南部的范县当县令。

郑板桥青年时代就有治国安邦的志向，几十年来受尽科举制度的折磨，为的是要把修身、齐家、治国、平天下的儒家思想付诸实践。虽然50岁才当上小小的七品县官，毕竟也是治理一邦的父母官。他想效法历史上的名臣，真正为老百姓办些实事，实现自己多年来的政治抱负。

范县是个偏僻的小县，全县不过10万人口。郑板桥上任后，以“为政清廉”自勉。他外出巡察，做派与一般官僚不一样：不坐大轿，不带衙吏，不搞扰民的鸣锣开道。他喜欢微服私访民情，到集市上逛一逛，在茶馆里坐一坐，到田间地头看一看，从中了解到老百姓心里想些什么，需要什么，这对他治理范县很有帮助，使他发布的政令能想老百姓所想，急老百姓所急，很受老百姓的欢迎。

郑板桥治理范县勤政廉洁，投诉案件从不积压，断案公道，下属官吏从不扰民，豪绅不敢称霸乡里。县境内，百姓安居乐业，民风淳朴，道不拾遗，夜不闭户。百姓对这位县官十分敬重，每到一处，男女老少都争着迎上前去拉他到家里做客，和他叙家常。郑板桥从心里感受到做一名清官的乐趣。

郑板桥在范县的政绩远近闻名，5年之后，他被调到山东潍县做县令。

潍县是一个中等商业城市，当时有“小苏州”之称。因为潍县是个富县，什么知府、巡抚、钦差大臣便都不时地到这里来敲敲县官的竹杠。县官心里也明白，上司在我这里敲去，我就加倍地从老百姓身上刮回来，既巴结了上司、留个后路，又可以找出名目为自己捞钱财。

郑板桥在上任之前已经知道潍县的县令难当，要保住乌纱帽，就得折腰媚上，敲诈老百姓；要做清官，为民造福，伸张正义，随时可能丢掉乌纱帽。但是，他未做官时就痛恨官吏贪赃枉法，现在自己当了官，就要与世俗的恶势力抗争，绝不同流合污！

一上任，他就向县衙的官吏宣布：“不准贪赃枉法、鱼肉百姓，违者严加查处，决不留情。”前任县令留下了不少积案，大多是因为富商豪绅买通官吏而迟迟未作处置造成的。郑板桥只用了一个月的时间，就将积案一一判明，惩治了一些平日横暴乡里的恶霸，该罚款的罚款，该坐牢的坐牢。老百姓都拍手称快，交口称颂郑板桥刚正清廉、明察秋毫。

可是，富商豪绅们又气又恼。以前，初来乍到的县官，从来是先拜望县里的大财主、大富商，而这位郑大人偏偏不理会这些规矩，还将积案一一裁决，好像是有意折灭他们的威风。可是，他们一时还摸不清郑板桥的底细，又抓不到郑板桥的任何把柄。豪绅富商一合计，决定下帖子宴请郑板桥，在宴席上拉拢、收买郑板桥。

郑板桥收到请帖，爽快地答应去赴宴。赴宴那天，郑板桥迟迟才出县衙。他忽然摆起威风，坐上大轿，带上全班衙吏捕快，鸣锣开道，慢慢悠悠地来到设宴的富商家。沿途围观的百姓把富商家的大门口堵了个水泄不通。

郑板桥慢吞吞地走下轿，刚一站定，只见全县的富商豪绅都正分列阶下迎候。郑板桥一一寒暄之后，走上台阶，却没有进门，突然转过身来，大声说："各位且等一下！今天我不是为赴宴而来，只是想借各位相聚的机会，向诸位约法三章：本官不赴私人宴会，不收受钱财之礼。若有谁贪赃枉法、假公徇私、欺压乡民，本官将严惩不贷……"

一席话，使富商们个个目瞪口呆，在场的百姓高兴得欢呼起来。郑板桥说完这番话，从容地上了轿，打道回衙。

从这以后，有权有势的人不敢为非作歹，地痞无赖不敢无理取闹。县城监牢里都空了，没有犯人在押。

有一年，胶东一带闹天灾，潍县也受了灾。县里的富商趁机囤积粮食、抬高价格，趁机大发不义之财。一时人心惶惶，百姓卖儿卖女，背井离乡。

郑板桥看到一幕幕悲惨的景象，写下了《逃荒行》，表达了对民间疾苦的同情。他看见百姓处在水深火热之中，感到责任重大，一面如实向上司呈报灾情，请求赈济；一面就地查封大投机商的粮仓，然后责令囤积粮食的富户按县衙规定的价格出售粮食。

郑板桥采取了以工代赈的办法，把饥民组织起来修筑城池、疏浚河渠、加固堤防，由县衙按工发粮食，于是，饥民有工做、有饭吃。但是，救济的灾民数量毕竟有限，对那些老弱病残者，郑板桥就命令富户在各自的住所开设粥厂，每天供应两餐粥。郑板桥还捐出自己的官俸，免费为妇女和儿童供应食物。

种种措施，终于止住了外逃的人流，保住了劳动人口，使许多家庭免遭不幸，灾情大减，人心安定下来。然后，郑板桥又风尘仆仆地到处奔波，督促乡民抗旱，组织恢复生产。不久，天降大雨，乡民欢呼雀跃，生产自救的劲头更足了。

灾荒过去了，百姓更加敬重郑板桥，爱戴这位父母官。

郑板桥在潍县做了七年的县令。在这七年当中，他的心里时常记挂着百姓的疾苦，为他们的忧而忧，为他们的乐而乐。他在潍县任上写过这样一首诗：

衙斋卧听萧萧竹，疑是民间疾苦声。
些小吾曹州县吏，一枝一叶总关情。

在封建社会，像郑板桥这样做官清廉刚正、认真为老百姓办实事而不媚上欺下的官吏不仅数量少，而且还难以受到重用。因此，尽管郑板桥做了12年的县令，政绩显著，腐败的上司依然视而不见，还时常找他的麻烦。郑板桥渐渐看透了官场的腐朽，在61岁那年，郑板桥因年荒请求朝廷赈济灾民触怒了上司，被解职回乡。

郑板桥被解职时正值秋天，老百姓有说不尽的惋惜，有的设宴饯行，有的求画求诗，你接过来，我接过去。郑板桥也留恋与他相处了多年的乡亲和朋友，这样一直拖延到第二年春天才离开潍县。

离开潍县那一天，几乎是倾城相送，这让郑板桥非常感动。眼前这盛大的欢送场面，不就是对他小小七品县官的最公正评价吗？

心灵物语

郑板桥为官一任，造福一方，尽到了为百姓排忧解难、扶危济困的地方官的责任，他的这种泽加于民、尽职尽责的精神境界受到后人的广泛赞扬。

史海钩沉

老先生巧对郑板桥

清朝时期，有一位教书先生在一个有钱的人家当教师。春天时，双方商定一年的酬金是八吊钱，可是到了年终，主人不仅一文钱不给先生，还把老先生给辞退了。

老先生很生气，就到县衙门告状。县令郑板桥听了老先生的申诉之后，说："恐怕你才疏学浅，误人子弟，不然，人家怎么会不给你酬金呢？我今天要当场考考你，看看你的学问如何。"

老先生急忙申辩，并表示愿意当场应试。于是，郑板桥随手指着大堂上挂着的灯笼说："就以灯笼为题，我出一上联，你对下联。"于是郑板桥出了一副上联：

四面灯，单层纸，
辉辉煌煌，照遍东南西北；

老先生听了，沉思片刻，便脱口而出：

一年学，八吊钱，
辛辛苦苦，历尽春夏秋冬。

郑板桥听了，很欣赏老先生的才华，当即下令把被告传来，结了此案，并把老先生留在自己身边当差。

文苑荟萃

扬州八怪

扬州八怪是我国清代中期活动于扬州地区的一批风格相近的书画家的总称，也称扬州画派。

"扬州八怪"的称呼由来已久，八个人的名字却有些出入。据李玉棻《瓯钵罗室书画过目考》中称，"八怪"为罗聘、李方膺、李鳝、金农、黄慎、郑燮、高翔和汪士慎。此外，各书列名"八怪"的，尚有高凤翰、华喦、闵贞、边寿民等，说法不统一。今人取"八"之数，多从李玉棻说。

扬州八怪从康熙末年崛起，到嘉庆四年"八怪"中最年轻的画家罗聘去世，前后近百年。他们的绘画作品为数之多、流传之广，无可计量。仅据今人所编《扬州八怪现存画目》记载，为国内外200多个博物馆、美术馆及研究单位收藏的就有8000余幅。他们作为中国画史上的杰出群体，已经闻名世界。

人民的好公安高云清

高云清（1921—1963年），原名乔贺，男，汉族，河北省遵化市东新庄镇后毛庄村人，中共党员，曾任卢龙县公安局局长等职。1951年8月高云清被任命为遵化县（今河北省遵化市）公安局副局长，1952年9月调往唐山专署公安局侦察科任科长，1955年5月调任卢龙县公安局任局长，1956年调河北省宗教事务局工作，1963年因病去世，遵化县委、县政府在悼词中称他为公安战士的光辉典范。

高云清是河北遵化人，在3岁时，父亲不堪家境的贫寒，离乡当兵，从此一去便杳无音信了，撇下高云清母子相依为命。6岁时，高云清随母亲来到地主丁占鳌家，开始了更为艰难的生活。

丁家人常常无端对高云清寻衅打骂，把一个正值学龄的孩子当长工使唤，逼他去喂猪、拾柴。一次，丁占鳌的大儿子存心陷害高云清，就让他牵一头大人都不敢碰的生马去耕地，导致他被马踢得险些丧命。孤苦而艰难的生活，使高云清养成了一种为人正直、嫉恶如仇的性格。

1939年3月，18岁的高云清经本村共产党员赵玉的介绍，加入了中国共产党，从此踏上革命道路。参加革命后，他担任武装委员兼锄奸组组长，积极组织动员群众坚持抗日，抓汉奸，镇压地主、恶霸，极大地鼓舞了人民对敌斗争的勇气。

到1943年，随着斗争形势的发展，后毛庄的党组织和武装力量不断发展壮大，全村已经有30多名党员和20多条枪了。这时，高云清已经是区公安的助理了。在他的影响下，妻子曹文祥也加入了共产党，和他一起从事地下革命活动。

新中国刚刚成立时，没有被肃清的反革命势力仍旧很猖狂，暗藏的土匪、特务以及敌对分子等，时有作案，扰乱了社会秩序。此时，高云清已任县公安局的调查股股长。他以高度的革命责任感，带领股中的十几名侦查员昼夜奋战，先后侦破了堡子店、新寨、旧寨、南小庄、马兰峪东关一带的反动会道门的阴谋暴动案、鲇鱼池土匪抢砸马兰峪金矿案、东陵盗宝案和惠陵建国学院惨案等一系列重大案件，有效地震慑了敌人，维护了社会秩序，保护了人民的生命和财产安全。

1950年春，遵化境内连续发生多起拦路抢劫案，高云清和同事们依靠群众，在短时间内全部破案，使犯罪分子无一漏网。同年的10月至次年5月，高云清又带领侦查员先后将反革命分子贾振国、王希武抓捕归案。其中，他三次抓捕贾振国的英勇事迹还被当地百姓编成了皮影戏在县内公演，一时传为美谈。

解放前，原县区小队队长贾振国变节投敌，任国民党华北剿共技术总队唐岐队副队长、军统特务行动组组长等职务。这个人心狠手辣、凶狠狡猾，而且枪法极准，给革命带来了巨大的损失。

唐山解放后，贾振国随敌逃到北京。同年5月，高云清带领侦查员将其从北京前门抓获。然而，在押往公安局招待所时，贾振国乘乱逃脱，躲到长春的亲友家中。高云清亲自领命，两下东北，克服重重困难，在当地公安部队的协助下，辗转长春、锦州、北票矿区等地，将贾振国再次抓获。

消息传到遵化，全县人民为之欢呼，各界代表敲锣打鼓在县城南街列队迎接英雄胜利归来。五天后，全县召开万人公审大会，将血债累累的贾振国押赴刑场，执行枪决。

心灵物语

高云清职位虽然不高，但其一生是不平凡的一生，他对革命忠心耿耿，对敌人决不容情，在公安战线上屡立奇功，受到广大民众的好评。

史海钩沉

遵化历史沿革

遵化市的历史最早可以追溯到旧石器时代。在五代后期，唐朝初期时设立县治，“遵化”之说则来自“遵循孔孟之道，教化黎民百姓”的意思。

清朝康熙年间，因建清东陵而升县为州，称为古右北平，1913年改州为县。抗日战争时期，县境一度被分属于丰遵玉、迁遵兴、蓟遵兴等联合县，抗战胜利后恢复县治。

新中国成立后，遵化人民谱写了改造山河的壮丽诗篇。1992年，遵化撤县建市，成为唐山地区第一个县级市。

“太行公仆”吴金印

吴金印（1942—），男，中共党员，全国优秀乡镇党委书记，河南卫辉人。吴金印在狮豹头乡工作了15年，在群众家住了7年，在治水工地上住了8年，带领群众凿了7个山洞，修了85道大坝，建了25座水库和蓄水池，开了40多千米的水渠，筑了40多千米的高标准山区公路，架了8座桥，造了2400亩田，奠定了农业生产的基础，解决了群众的吃饭问题。

1942年，吴金印出生在河南省卫辉市的一个贫苦的农民家里。18岁，吴金印光荣地入了党，并成为当地的村长，19岁又当上了村党支部书记，26岁当乡党委书记。就这样，吴金印在乡镇一干就是31年，其中担任乡镇领导职务就有28年。在这20多年中，他多次放弃组织上调他到上级机关工作的机会，始终把自己扎根在基层。

河南省卫辉市狮豹乡是一个革命老区，也是远近闻名的穷山沟，这里90%的人吃粮靠返销，花钱靠救济，人民生活相当贫困。

1968年春，26岁的吴金印担任了这里的主要领导。上任不久，有一天吴金印来到靳庄村，正赶上乡亲们吃午饭。他端过一位老大娘的饭碗一看，愣住了：灰黑的汤水里，泡着几个糠团，还漂着数片野菜。

“山里人都吃这个吗？”吴金印惊讶地问。

老人没有回答，却把头低到了胸前。老区人民为中国革命作出过重大贡献，可是，新中国成立许多年了，群众还过着这样的苦日子……

吴金印暗下决心，就是拼上自己的一条命，也要带领群众改变现在的落后面貌。

为了扩大可耕地面积，吴金印带着领导班子的成员翻山越岭进行实地调查。饿了，就吃块干粮；渴了，就喝口凉水。一天翻越五六座大山，七八天就穿烂一双鞋，沟沟岭岭地跑了个遍，向荒山要耕地、向秃岭要粮食的规划由此产生。

面对除了石头还是石头的山岭，吴金印想：山搬不动，但可以把石头缝里的土挖出来造梯田；沟填不平，可以让河水改道，凿沟造地。

吴金印的想法得到了大家的赞同。于是，狮豹头的干部群众便掀起了挖土造梯田的热潮。经过一冬一春的苦干，群众筑起了十多条拦河坝，造出了200多亩梯田。谁知到了夏季，暴发的山洪把这些新造的拦河坝和梯田一冲而光，刚刚改造的山岭沟又变成了乱石沟。

然而，吴金印却没有退缩，而是带着大家总结经验教训，把平面坝改为拱形，200多亩梯田又造了出来，并种上了绿油油的庄稼。

第二年的汛期，接连几场暴雨汇成的滚滚洪水又一次冲走了满沟的庄稼和良田。灾难伤透了群众的心，吴金印同样难过不已，但他明白，越是在困难的时候，干部就越要经受得住考验。于是，吴金印把全体干部召集到一起，开导他们说：梯田被冲垮了，哭也没有用，我们还得继续挺起腰杆跟山斗、跟水斗。苦熬没有头，苦干才有奔头。

大家在总结了前两次失败的教训后，把拱形坝又改成塔形坝，并在每道坝的下面再修一个跌水池，洪水袭来时可以起到缓冲作用。洪水进入水池后，再从底部的暗渠泄出，梯田就不会受到冲击。

第三年，200多亩梯田终于经受住了巨大洪水的考验，昔日的荒山也终于变成了漫山遍野的米粮川。

1973年10月，吴金印又带领狮豹头的干部群众来到沧河中游的羊湾村，搭起茅草棚，拦河造田。要在河滩上造田，就要先让河水改道。吴金印与技术员冒着生命危险，在悬崖峭壁上攀上爬下，终于选准了凿洞的最佳位置，并完成了设计。不久后，在硝烟弥漫、空气稀薄的山洞里，吴金印与乡亲们一同抡着大锤，干了起来。

1975年夏，山洞全线贯通，西面的洞口已经浆砌圈顶，东面的洞口料石也已备齐了，就在这时，突然下起了暴雨，汛期提前到来。

这天夜里，吴金印提着马灯要下洞去察看水位，突击队长也抢着要下去，被吴金印一把拦住："还是我下，我万一有个闪失，抢险你来指挥……"

话还没说完，吴金印已经拽着绳子下去了。突然，一声巨响，一块大石从山顶坠入河中，激起了冲天的水柱，吓得守在洞口的人对着黑沉沉的河底大喊："吴书记！"

不一会儿，吴金印却从与巨石咫尺之处水淋淋地爬了上来。因为怕再次出现塌方，大家都劝他赶快离开。看着不断上涨的河水，吴金印却把手一挥，说："抢险队，上！"而自己则迅速背起一块石头，冲上了东洞口的拱顶。头顶上，塌方的石块、泥土簌簌而下；脚底下，咆哮的山洪滚滚而来。整整两天两夜，吴金印与抢险队员们用钢铁般的意志，冒着危险，战胜困难，完成了东洞口圈顶，把更大的洪峰远远地抛到了后面。而吴金印却因过度劳累，晕倒在工地上。大伙儿忙把他抬出工地，送进工棚。在抢救时，医生解开吴金印的衣服，发现他全身的衣服补了很多补丁，脚上的那双掌鞋也烂得开了花，手掌上长满铜钱厚的老茧，十指粗糙得像一把钢锉，手掌的虎口处结着紫黑色的血痂。两天两夜后，吴金印才从昏迷中苏醒过来。他对身旁的人说："万一我不行了，就把我埋在洞顶的山上，好看着你们把沧河治好……"听到这话，人们忍不住都哭了起来。

吴金印因尽职尽责、业绩卓著，1997年被中组部授予"全国优秀共产党员"的光荣称号。他不仅是唐庄镇的党委书记，还是新乡市人大常委会副主任，全国政协委员，可吴金印还像以前一样，一有空就下基层。吴金印说："只有把环境搞好，人家才愿意来投资，唐庄的发展才有后劲，乡亲们的日子才能越过越好！"

心灵物语

40多年来，吴金印忠诚于党的事业，不计名利，不怕艰苦，身不离基层，心不离群众，常年带领群众治穷致富，在每个工作岗位上都取得了优异的成绩，树立起农村基层党员干部的良好形象，赢得了人民群众的拥护和爱戴，被广大人民群众称赞为“太行公仆”。

史海钩沉

吴金印带领村民致富

1987年11月，吴金印调卫辉市唐庄担任乡党委书记。第二年，唐庄乡就遇上了百年不遇的大旱，五个月内没有下一滴雨，就连吃水的井都干涸了。

为了度过困难，吴金印每天头顶烈日，四处察看。他发现，遍野的禾苗虽然枯黄了，但山楂树花开飘香。他意识到，如果在丘陵地区种上果树，那将会是一条生路。

于是，吴金印就带领着全乡人民，用了20多天，在干旱的丘陵地种下了1.2万亩的山楂、桃与苹果树。如今，这些果园已经成了唐庄农民的摇钱树，唐庄桃、唐庄梨更是远近闻名。在吴金印的治理下，唐庄镇石屏、代庄等村，街道整齐，一幢幢新楼拔地而起。

文苑荟萃

巍巍太行山

太行山是黄土高原与华北平原的天然分界线。北宋时期，著名的科学家沈括看到太行山的山崖之间“怯怯御螺贝壳及石子如鸟卵者，横亘石壁如带”，经过研究后指出：“此乃昔日之海滨，今东距海已近千里。”

现代地质研究证实了沈括的论断。在大约六亿年以前，太行山地区是一片汪洋大海，后来经过频繁的地壳活动，地面上升、下降，海水时进时退。当海水退时，这里沼泽广布，气候温暖潮湿，生长着茂密的森林，因此便形成了今天太行山区丰富的煤炭资源。此后的一次次地壳活动，更令太行山脉逐渐隆起。后来又与东西的华北大平原断裂，从而形成了太行东部陡峭、西部徐缓的地貌形态。

张云泉心系百姓

张云泉（1948—），江苏南通人，曾任江苏省泰州市信访局局长、泰州市人民政府副秘书长，江苏省信访局巡视员，是中共江苏省第十一届委员会委员、江苏省人大代表、中国共产党第十七次全国代表大会代表。1999年张云泉获江苏省优秀共产党员称号，2001年4月被江苏省人民政府授予江苏省劳动模范称号，2001年9月被中共中央组织部、中共中央宣传部、中央文明办、国家人事部联合授予全国“人民满意的公务员”称号，2009年9月当选“新中国成立以来作出重要贡献100人”。

张云泉是江苏省泰州市政府副秘书长兼信访局局长。在信访局工作，平时遇到的几乎都是烦事、难事和窝囊事，听到的也多是骂声、哭声和埋怨声。然而对张云泉来说，通过自己尽职尽责地工作，群众能怨气尽消，便让他一次又一次地掂量出了信访工作沉甸甸的分量。

“有话跟我说”“我来帮助你”是张云泉接待上访群众时说得最多的话。多年来，张云泉平均每年都要接待上访群众2000多人次，处理人民来信2000多封，他以踏实负责的工作态度化解了一个又一个矛盾，被广大干部群众赞誉为“连心桥”上的贴心人。

1998年10月，泰州市的一家国有企业濒临破产。消息传出后，全厂都炸开了锅，1700多名工人聚集在厂部，因为人员分流等问题向厂领导讨个说法。两天过去了，一名工人因情绪过于激动引发脑溢血，当场死亡，导致事态急剧恶化，场面几近失控。

得到消息后，张云泉马上赶到现场。他刚一出现，激愤的人们便向他涌来。他大声呼叫着，要工人相信党和政府，理智地对待改革。然而，他的声音却被巨大的吵闹声淹没了，拳头从四面八方向张云泉挥舞过来。

其实靠张云泉在部队练就的一身功夫，此刻他完全可以冲开人群，逃离危险。然而，就在这时，他发现前面的一名女工被挤倒了，后面不知情的人群仍然往上拥，情况万分危急。他来不及多想，一下子就扑过去，护在这位女工身上，任凭拳头雨点般落在他的身上……突然，他的眼部受到猛烈一击，霎时眼前一片漆黑……

经医治，张云泉的左眼是保住了，但留下了终身伤残，视力从1.5下降到0.15，而且经常肿胀、流眼泪，怕光、怕风。

在张云泉的经历中，这样遭罪受气的事简直是家常便饭，但是，张云泉从来没有一句怨言。有人开玩笑，说他做的就是“三赔”工作——赔礼、赔罪、赔钱。他说:“为党和政府做‘三赔’，甘愿！”

1995年夏天，泰州市在创建卫生城市中遇到了一个“拦路虎”，在城区建起的一座公厕，建了四次，被推倒四次。原因很简单，公厕旁边住着四户居民，嫌厕所靠自家太近，有臭味儿。这样一来，附近的200多无厕可用的居民，就感到为难了。

张云泉来到现场后，看到这一带属于旧城区，房屋密集，很难有更大的回旋空间。那四户居民嫌公厕太近是有道理的，但厕所又不能不建，于是，他亲自到这四户人家去赔礼道歉，又苦口婆心与他们协商，最后四户居民提出了一个条件：公厕距离四家的外墙必须都不少于50厘米，才同意修建。

条件提出来了，接着就是丈量了。可是，被推倒两个月的公厕上砖头堆积，粪便四溢，还有腐烂的鸡肠、鱼腩、烂菜叶子等各种生活垃圾，成群的苍蝇在上面嗡嗡地叫着，瓦工们根本不收拾。

“我来！”张云泉说完，从瓦工手中拿过卷尺，脱下袜子，卷起裤腿，走进了没到脚脖子的粪污中，前后左右，足足丈量了半个小时。

居民们被感动了，有人大叫：“张局长，快出来，凭你这精神，就是差那么几厘米，我们也心甘情愿！”

许多人用脸盆端来水，为张云泉冲洗腿和脚上沾满的粪便。很快，这座公厕就修好了。

1998年中秋节前的一个晚上，泰州某镇发生了一起严重的交通事故，一位村民在公路上被汽车当场撞死，而肇事司机的强辩激怒了死者的家属。第二天，家属便聚集了全村的近千群众，准备到市里上访。

此时，张云泉正在医院住院。听到消息后，他拔下正在输液的针头，赶到了出事现场。

一到现场，张云泉就被愤怒的人群围住了，哭的，骂的，推搡的，吐唾沫的都有，个别人还煽动掀翻他的汽车。张云泉竭力克制着自己的情绪，走到死者家中，在死者的遗像前恭恭敬敬地鞠了三个躬，霎时，喧嚣的场面安静下来。

随后，张云泉从自己口袋里掏出600元钱，用一张白纸包好，恭恭敬敬地放到遗像前，然后转过身来，大声说：“我向死者鞠三个躬，第一个躬是我本人代表信访局全体同志向死者致哀，向家属和亲友们表示慰问；第二个躬是代表肇事者及其全家向死者和各位请罪；第三个躬是代表政府向你们承诺，一定会合情、合理、合法地处理好这件事。”

张云泉的一番话，使现场紧张的气氛顿时缓和下来。可是准备坐下说事时，现场人多嘴杂，秩序又乱了。见此情景，张云泉高声问：“谁是死者的老娘舅？老娘舅（辈分）最大，他说话最算数，请他跟我谈。”

受到尊重的老娘舅立刻喝住众人，与张云泉谈起事情的处理方法来。在商谈中，张云泉声音嘶哑着，伤残的左眼还不时地流泪，被打伤过的鼻子也因过度紧张不停地流血。他从上午9点一直谈到下午3点，终于感化了群众，把一场即将发生的大规模的集体上访事件提前化解了。

2003年9月14日下午，大雨如注，信访局的院子里突然涌进了某食品厂的一群工人，手中高举着横幅："还我工厂，还我工人主权。"

原来，这个工厂的工人们刚刚听说，已经三年领不到工资的厂子又未经职工代表大会商议被卖掉了。全厂工人推举了36名工人代表，冒着大雨前来上访。

张云泉很快就出来了，看到工人们都在淋雨，心疼地劝大家到信访大厅里谈。但工人们情绪激烈，表示不给个说法哪儿也不去，同时，还不顾张云泉的劝阻，硬是把两条横幅挂了起来。

这时，信访局的一位工作人员给张云泉递来了一把伞，但张云泉没接，说："这么多群众都能被雨淋，我张云泉为什么不能？"

就这样，张云泉也站在大雨中，同工人们谈了近一个多小时。

工人们感动了，主动撤下了横幅，跟着张云泉进了信访大厅。凭借多年对复杂问题的判断力，张云泉意识到这件事非同寻常，背后一定有问题，于是对工人们说："我张云泉一定负责任地向市纪委汇报，请大家相信党和政府，我们不会放过一个腐败分子，也保证不会把大家丢下！"就这样，工人们回去等消息了。

张云泉连夜将这件事起草了"信访摘要"，直报市委领导，市委第二天就向这家食品厂派出了由多个部门组成的联合调查组。事情很快有了进展，一个瞒着工人卖掉工厂中饱私囊的腐败分子被揪了出来。

这年春节，工人们第一次拿到了政府发放的解困资金，工厂的下一步改制问题也开始有序地进行。

张云泉先后被授予全国优秀共产党员、全国劳动模范、全国人民满意的公务员等荣誉称号，2005年被作为全国重大先进典型集中宣传，之后当选为党的十七大代表，最近又当选为全国道德模范。对于这些，张云泉看得非常清楚："党和人民给了我很多荣誉和相应的权力，就是要我更好地去为人民服务。"

心灵物语

信访工作关系到地方安宁与群众生活，是最贴近人心的工作，是解决群众疾苦与切身利益的工作。工作做得好与坏，群众最有发言权。张云泉作为一方的信访局局长，在长期的工作中为群众排忧解难，使许多看上去难以解决的问题顺利得到了解决，不愧为群众的贴心人。"拿人民的工资，就要为人民办事。"多么朴素的一句话，却道出了张云泉为人民尽职尽责的行为标准。

史海钩沉

"三个代表"

张云泉在信访局工作期间，经常奔走于大街小巷和边远乡村，千方百计地为群众排忧解难。当地有一位名叫胡克明的人，曾被错误地下放，因此常年上访。在十几年当中，张云泉数百次地去他家给予关心。2004年，病中的胡克明又要上访，张云泉赶过来，亲自为他洗脚，胡克明不禁流下了感动的泪水，并嘱托子女不要再上访了。

在张云泉的帮助下，当地丧失了独子的李庆余重新燃起了生活的希望，跟着患病母亲上访11年的"野丫头"方小娟也最终成了他的干女儿，做了十多年代课教师的王德元最终恢复了公职，蒙冤16载的王友德最终也得还清白。

张云泉还义务帮扶了60多名贫困学生，为近百名群众求医问药，捐助困难群众6万多元。广大干群由衷地称赞说："张云泉就是我们身边看得见的'三个代表'。"

文苑荟萃

水晶之乡——江苏东海

水晶是一种稀有珍贵的天然矿物，也是生产石英玻璃、电子材料的优质原料和生产工艺雕刻的上等材料。

江苏省东海县素有“水晶之乡”的美誉，是我国水晶的重要产区，年产达500多吨，占全国产量的一半。东海县的水晶蕴藏量大、质优。据考证，总储量在450万吨以上。

此外，东海县的水晶含硅量高，杂质少，性软，易溶化，其质量亦居全国之首。现存于北京地质博物馆的一块重约两吨多的“水晶大王”，就产于东海县。

第三篇

鞠躬尽瘁，死而后已

诸葛亮鞠躬尽瘁

诸葛亮（181—234年），字孔明，早年外号也称“卧龙”“伏龙”。诸葛亮是琅琊阳都（今山东省沂南县）人，三国时期蜀汉重要大臣，中国历史上著名的政治家、军事家、散文家、发明家，也是中国传统文化中忠臣与智者的代表人物。诸葛亮在世时被封为武乡侯，死后谥为忠武侯，所以被称为武侯、诸葛武侯。其“鞠躬尽瘁，死而后已”的高尚品格，千百年来一直被人们敬仰和怀念，也被誉为“千古良相”的典范。

夷陵之战后，刘备败归白帝城，于223年病死，丞相诸葛亮受遗命辅佐后主刘禅。

刘禅即位后，诸葛亮以丞相兼益州牧，“政事无巨细，咸决于亮”。直到诸葛亮病死于五丈原，为蜀汉政权呕心沥血，做了许多工作。正如诸葛亮自己所说：“臣鞠躬尽瘁，死而后已，至于成败利钝，非臣之所能逆也。”

诸葛亮首先致力于蜀吴的修好，派尚书邓芝出使吴国，恢复两国联盟关系，蜀汉免除了后顾之忧。其次是稳定和发展经济。刘备在世时，诸葛亮镇守成都，经常做到“足食足兵”。后主初立，加之夷陵新败，诸葛亮更是“务农殖谷，闭关息民”。由于措置得宜，蜀汉经济得到进一步发展。

在稳定内部后，诸葛亮做了两件大事，即征服南中和出兵伐魏。刘备在世时，曾用邓方和李恢先后为廉降都督，统治南中的“西南夷”。刘禅新立，南中牂柯郡太守朱褒、益州郡大姓雍闿、越隽郡夷族首领高定同时反叛。

南中是蜀汉的后院，后院起火，不但会牵制诸葛亮北伐，而且会直接影响蜀汉的稳定。诸葛亮曾说：“臣受命之日，寝不安席，食不甘味，思惟北征，宜先入南，故五月渡泸，深入不毛，并日而食。”

南征的目的是稳住后方，所以诸葛亮主要采取攻心战术，对反叛的主要首领孟获“七纵七擒”，终于使其心服。

南中平定后，诸葛亮任用当地人和少数部族首领为官吏治理地方，不留兵，不运粮，继续执行“夷汉粗安”的攻心战术。

清人赵藩在成都诸葛武侯祠所题的一副对联说：“能攻心则反侧自消，从古知兵非好战；不审势即宽严皆误，后来治蜀要深思。”

攻心战术和执法严明，是诸葛亮治蜀的成功之处。

安定南方后，诸葛亮就专意于北方，挥兵关陇。

从建兴五年起到建兴十二年，在诸葛亮生命的最后八年中，他曾六次率师北伐曹魏。从曹魏和蜀汉双方的力量对比可以看出，蜀汉的实力远不如魏。诸葛亮之所以知其不可为而为之，既是以兴复汉室相号召，维持蜀汉的生存，也是为了“报先帝，而忠陛下之职分也”。

尽管出师北伐没有能取得成功，但是在诸葛亮的悉心治理下，蜀国经济得到了迅速的发展。他修明法令，平定南中推行了一系列的惠民政策，也使僻居益州一隅的蜀汉支撑了将近半个世纪。所以陈寿在概述诸葛亮一生业绩时曾这样说：“备称尊号，拜亮为丞相录尚书事。及备殂没，嗣子幼弱，事无巨细，亮皆专之。于是外连东吴，内平南越，立法施度，整理戎旅，工械技巧，物究其极，科教严明，赏罚必信，无恶不惩，无善不显。至于吏不容奸，人怀自厉，道不拾遗，强不侵弱，风化肃然也。”

心灵物语

陈寿对诸葛亮的评价很具体，全面概括了诸葛亮的功绩，承认了他的智慧、谋略与政治军事才能。充分肯定了他对刘备的忠诚与尽职尽责精神。人们在领略诸葛亮精神境界的同时，也会得到许多有益的启示。

史海钩沉

庸主刘禅

据陈寿的《三国志》中记载，刘备在临终前曾嘱咐儿子刘禅："汝与丞相从事，事之如父。"意思是说，你以后在与丞相相处时，要像对待父亲一样对待丞相。

刘禅在继位的初期，也确实听从父亲的遗命，"政事无巨细，咸决于亮"，并放权给诸葛亮处理军政大事。而随着刘禅对军国治理的深入了解，便开始对诸葛亮穷兵黩武地进行独力北伐而导致国力衰退的政策看法有了分歧。可是，基于刘备订立的北伐统一中国、恢复汉朝宗室的既定政策，以及诸葛亮在蜀国国内的崇高威望，刘禅在诸葛亮主政期间仍然能以团结为重，全力地支持诸葛亮的北伐。

据《三国志》记载，诸葛亮死后刘禅便废除了丞相制，设立尚书令、大将军和大司马三职互相制衡，将军政事务完全分开。后来，"乃自摄国事"，提出"须吴举动，东西掎角，以乘其衅"，由蒋琬、费祎、董允等人主政，休养生息，积蓄力量后再从长计议北伐的政策，并亲自处理除了对外战争领域之外的国内军政事务。

另外，刘禅对于继承了诸葛亮职务的姜维也进行了诸多制衡，严重地拖慢了北伐的进度。

可是，由于刘禅对军队缺乏可靠的控制权，不敢对主张急于北伐的军方将领太过压迫，结果导致施政方针混乱。而且，刘禅对于宦官黄皓也过于宠信，最后蜀汉于263年亡国。

蜀国亡后，刘禅便移居魏国的都城洛阳，留下了“此间乐，不思蜀”的名句，并给司马昭留下了“我无忧矣！”的好印象，成功地保住了性命。

文苑荟萃

《诫子书》

（三国）诸葛亮

夫君子之行，静以修身，俭以养德。非淡泊无以明志，非宁静无以致远。夫学须静也，才须学也。非学无以广才，非志无以成学。淫慢则不能励精，险躁则不能冶性。年与时驰，意与日去，遂成枯落，多不接世，悲守穷庐，将复何及！

译文：

品德高尚、德才兼备的人，是依靠内心的安静精力集中来修养身心的，是依靠俭朴的作风来培养品德的。不看清世俗的名利，就不能明确自己的志向；不身心宁静，就不能实现自己的远大的理想。学习，必须专心致志，增长才干也必须刻苦学习。不努力学习，就不能增长才智；不明确志向，也就不能在学习上获得成就。过度享乐和怠惰散漫就不能奋发向上，轻浮急躁就不能陶冶性情。年华随着光阴流逝，意志随着岁月消磨，最后就像枯枝败叶那样（成了无所作为的人），对社会没有任何用处，（到那时）守在破房子里，悲伤叹息，又怎么来得及呢？

兢兢业业梅兰芳

梅兰芳（1894—1961年），字畹华，原籍江苏泰州，长期寓居北京。他在50余年的舞台生涯中，精心钻研，勇于革新，创造了众多优美的艺术形象，演出了大量优秀剧目，发展和提高了京剧旦角的演唱和表演艺术，形成一个具有独特风格的艺术流派，世称“梅派”，深受国内广大群众的喜爱，并在国际上享有盛誉。梅兰芳的艺术成就对现代中国戏曲艺术的发展起了承前启后的作用。

我们赞叹一幅画的时候，常说画画得栩栩如生。而我国著名的京剧大师梅兰芳，真的让画中人活了起来。

有一回，梅兰芳去拜访朋友。在朋友的书房里，他被一幅国画深深地吸引住了。画的名字是《散花图》，画中的天女身披飘逸的风带，手捧盛满奇花异草的宝篮，乘风驭气，把鲜花撒向大千世界。

看着看着，神思徜徉，画中的天女似乎动了起来，梅兰芳仿佛看见天女挥动着五彩的风带，在画中翩然起舞。长长的彩绸随身飘舞，上下旋转，如同舞台上的长水袖摇曳多姿，却比水袖更加飘逸，增添了诗一般的神话意境。天女驾云乘风而行，所过之处，落英缤纷，万紫千红……

这悠扬的舞姿、绚丽的色彩，与京剧舞台上的表演是多么相像啊！梅兰芳产生了一个念头——要把这幅《散花图》搬到京剧舞台上，要让美丽的天女在舞台上活起来。

于是，梅兰芳就把这幅画借回家中，反复揣摩，最后和友人齐如山一起构思了一出神话剧。

该剧一共有六场，重点就是《云路》《散花》。其中，《云路》一场表现天女离开了众香国去毗耶离城时，一路上看到了迷人的景物，载歌载舞，感慨大千世界的奇妙景观。《散花》一场则是天女与花奴等一行人站在平台上，在音乐的伴奏下，翩翩起舞，遍撒鲜花，使得满台落英缤纷，花团锦簇。

梅兰芳用了好几个月的时间，凭借对画的想象设计了全剧的长绸舞和各种身段动作，运用腕力、臂力及腰腿功舞动风带，并同时融入“跨虎”“鹞子翻身”等武功身段，构成各种优美造型，使天女置身于“天马行空”的神话意境，形成了“文戏武唱”的新风格。他还舍弃传统的京剧服装，让舞台上的天女穿起了像画中人一样雍容华贵又妖娆多姿的古装行头。

1917年12月，《天女散花》终于走上了舞台，一经演出便受到观众热烈欢迎。梅兰芳应邀到上海演出，红极一时。

梅兰芳对艺术的想象力赋予了画中人物以生命，京剧舞台上的天女到今天还没有停下她那优美的舞蹈。

心灵物语

梅兰芳对京剧艺术由衷地热爱，为了我国的京剧艺术，他奉献了毕生的精力。梅兰芳为演好《天女散花》兢兢业业，观察入微的责任意识不仅在戏曲艺术界享有盛誉，更让后人知道出色的表演技艺也需要责任。

史海钩沉

梅兰芳愤而卖画

日本侵略中国期间，成为沦陷区的上海一片混乱，不是停水停电，就是空袭警报，每天人们都生活得提心吊胆。梅兰芳就是在这种艰苦环境里也依然坚持作画，而且克服了一系列难以想象的困难，画技大有长进。

经过8个月的苦战，梅兰芳画了170多件作品，题材十分广泛，包括仕女、佛像、松树、梅花等。1945年春天，梅兰芳的这些作品同叶誉虎的作品一起在上海成都路中国银行的一所洋房里展出，受到了广大参观者的好评。

展览结束后，为了生计，梅兰芳被迫将其中的大部分作品卖掉，所得收入一是还债，二是安排家庭生计，三是资助剧团里生活更困难的人。

后来，梅兰芳苦涩地回忆着这几年的沧桑历程，心境忧闷地对朋友说："一个演员正在表演力旺盛之际，因为抵抗恶劣的社会环境，而蓄须谢绝舞台演出，连嗓子都不敢吊，这种痛苦我无法用语言来形容。我之所以绘画，一半是为了维持生活，一半是借此消遣。否则，我真是要憋死了。"

■文苑荟萃

四大名旦

1927年，北京的《顺天时报》举办评选"首届京剧旦角最佳演员"的活动。梅兰芳、程砚秋、尚小云、荀慧生四人当选，被誉为京剧界的"四大名旦"。

梅兰芳（1894—1961年），出生于京剧世家，8岁开始学戏，11岁登台演出，擅长青衣，兼演刀马旦。在几十年的舞台生涯中，梅兰芳对旦角的唱腔、念白、舞蹈、音乐、服装、化妆等各个方面都有着创造性的发展，形成了独特的艺术风格，世称梅派。

梅兰芳功底深厚，文武兼长。他台风优美，扮相极佳；嗓音圆润，唱腔婉转妩媚：创造了为数众多、姿态各异的古代妇女的典型形象。梅派的代表作有《宇宙锋》《贵妃醉酒》《断桥》《奇双会》《霸王别姬》《穆桂英挂帅》等。

梅兰芳还曾率京剧团多次赴日本、美国、苏联等国演出，将中国的戏曲传播到了国外，是享有国际声誉的著名戏曲表演艺术家。

程砚秋（1904—1958 年），自幼学戏，演青衣，受师于梅兰芳。

程砚秋在艺术上勇于革新创造，他讲究音韵，注重四声，追求“声、情、美、水”的高度结合，并根据自己的嗓音特点，创造出一种幽咽婉转、起伏跌宕、若断若续、节奏多变的唱腔，形成独特的艺术风格，世称“程派”。

程砚秋擅长演悲剧，曾编演过《鸳鸯冢》《荒山泪》《青霜剑》《英台抗婚》《窦娥冤》等戏，大多戏目都表现了封建社会妇女的悲惨命运。

尚小云（1900—1976 年），幼入科班学艺，14 岁时被评为“第一童伶”。尚小云初习武生，后改为正旦，兼演刀马旦。

尚小云功底深厚，嗓音宽亮，唱腔以刚劲著称，世称“尚派”。尚小云的代表作有《二进宫》《祭塔》《昭君出塞》《梁红玉》等，塑造了一批巾帼英雄和侠女烈妇。

荀慧生（1900—1968 年），幼年在河北梆子班学艺，19 岁改演京剧，扮演花旦、刀马旦。

荀慧生功底深厚，可以汲取梆子戏旦角艺术的长处，将其熔京剧花旦的表演于一炉，从而形成了独特的艺术风格，世称“荀派”。

荀慧生擅长扮演天真、活泼、温柔一类的妇女角色，以演《红娘》《金玉奴》《红楼二尤》《钗头凤》《荀灌娘》等剧而著名。

党员楷模孔繁森

孔繁森（1944—1994年），出生于山东聊城一个贫苦的农民家庭。他18岁参军，在部队干了7年，1966年加入中国共产党；1969年复员后，他先当工人，后被提拔为国家干部。1979年，国家要从内地抽调一批干部到西藏工作，时任地委宣传部副部长的孔繁森主动报名，请人写了“是七尺男儿生能舍己，做千秋鬼雄死不还乡”的条幅。刚到西藏，他又写下“青山处处埋忠骨，一腔热血洒高原”，以此铭志。

1979年，国家要从内地抽调一批干部到西藏工作，时任地委宣传部副部长的孔繁森主动报名要求赴藏工作。

孔繁森到达西藏以后，原定担任日喀则地委宣传部副部长，但是，当地党委考虑到他年轻能干，征求他本人的意见后，便派他到海拔更高的岗巴县担任县委副书记。

在岗巴工作的三年之中，孔繁森几乎跑遍了全县的乡村和牧区，积极访贫问苦，与当地的群众一起收割、打场，干农活、修水利。

1981年，孔繁森奉命被调回山东，先后任莘县县委副书记、行署办公室副主任、地区林业局局长、聊城地区行署副专员等职。

1988年，孔繁森在母亲年迈、三个孩子尚未成年、妻子体弱多病的情况下，仍然克服困难，再次带队进入西藏工作，并担任拉萨市副市长，分管文教、卫生和民政工作。

为了发展当地的教育事业，孔繁森跑遍了全市八个区县所有的公办学校和一半以上的乡办、村办小学，将拉萨的适龄儿童入学率从45%提高到了80%。全市的56个敬老院和养老院，他走访过48个，给孤寡老人送去了党和政府的温暖。

由于西藏偏远地区的医疗卫生条件较差，孔繁森每次下乡时都要带上一个医疗箱，再买上数百元的常用药，送给藏区急需的农牧民。一个医药箱虽然解决不了所有的问题，但对接受治疗的患者来说，这往往是性命攸关的大事。

1993年，孔繁森在西藏工作的期限已满，本可以调回来，可是，孔繁森却坚持继续留在西藏工作，担任阿里地委书记。

为了摸清实际情况，孔繁森经常深入调查研究，求计问策，寻找带领群众脱贫致富的路子，不到两年的时间，孔繁森就跑遍了全地区106个乡中的98个。

阿里是西藏地区最为偏僻和平均海拔最高的地区，在外出时，常常一天都看不到一个人影。孔繁森每次调查时，饿了就吃口风干的牛羊肉，渴了就喝口山上流下来的雪水。旅途虽然艰苦，但孔繁森乐观风趣地对一起随行的人员说："快尝尝，这是上等的矿泉水，高原没有污染。等我们开发出来了，让外国人花美元来买！"

在孔繁森的勤奋努力工作下，阿里地区的经济有了较快的发展。1994年，全地区国民生产总值超过1.8亿元，比上年增长37.5%；国民收入超过1.1亿元，比上年增长6.7%。

为了制订把阿里地区的经济带上新台阶的规划，孔繁森准备在最有潜力的边贸、旅游等方面下功夫，为此，他带领有关部门，亲自到新疆塔城进行边贸考察。

然而在1994年11月29日，孔繁森在完成任务返回阿里的途中不幸发生车祸，以身殉职，时年仅50岁。

在孔繁森的葬礼上，悬挂着一副挽联，形象地概括了他的一生，也道出了藏族人民对他的怀念：

上联：一尘不染两袖清风，视名利安危淡似狮泉河水。

下联：二离桑梓独恋雪域，置民族团结重如冈底斯山。

心灵物语

“老是把自己当珍珠，就时常有怕被埋没的痛苦。把自己当泥土吧！让众人把你踩成路。”孔繁森以党和人民的利益为重，恪尽职守，一心为民，政绩卓著，深受西藏人民群众的拥护和爱戴，是广大党员干部学习的楷模。

史海钩沉

孔繁森收养孤儿

1992年，拉萨市发生地震，孔繁森抚养了三名因地震而失去父母的孤儿，并经常用自己的工资来资助生活贫苦的藏族群众。所以，经常不到半个月，他的工资就所剩无几了，他又悄悄地跑去献血。

在一年时间里，孔繁森先后献血900毫升，并把所得的营养费900多元全部用于三个孤儿的生活补贴上。

文苑荟萃

古格遗址

古格王国是西藏西部阿里无人区的一个伟大王朝。300多年前，古格王朝由盛而衰，消失在高原上的茫茫沙海之中。

古格遗址共留下各类殿堂房屋445座，洞窟879孔，碉楼58座，各类佛塔28座，塔墙一道，防卫墙10道，隧道或暗道4条，总面积达71万平方米。

沈浩为民呕心沥血

沈浩（1964—2009年），安徽萧县人，毕业于安徽省铜陵学院。1986年7月沈浩加入中国共产党，同年在省财政厅参加工作。2004年2月，他积极响应省委号召，作为全省第二批被选派到农村的任职干部来到凤阳县小岗村，任小溪河镇党委副书记、小岗村党委第一书记、村委会主任等职务。在小岗村任职近6年中，沈浩始终以党和人民的事业为重，忠实履行共产党员的神圣职责，在广大干部群众心中树起了一座巍峨的丰碑。

凤阳县小岗村是我国最早搞大包干的地方，名声远播。自从上任以后，沈浩便在小岗村兢兢业业地工作，先后为村里修建了公路，为散居的26户村民集中盖了住宅楼，并在村里成立了大包干纪念馆，处处为村里的发展谋规划、办实事。

2005年秋，党的十六届五中全会召开，沉浸在秋收喜悦中的小岗人再一次兴奋起来。党中央总书记在会上用平实的20个字，为社会主义的新农村建设指明了前进的方向："生产发展、生活宽裕、乡风文明、村容整洁、管理民主。"

为此，沈浩带着"大包干"带头人、村干部、村民代表等，一起赶赴华西村、耿庄、大寨、西沟村、南街村等名村取经学技术。从书本中，他们找到了思路；从实践中，他们学到了实例。

沈浩的心中渐渐明朗起来：开发现代农业，发展旅游业，招商引资发展村级工业。而且，要想迈开步子，就要解放脑子。

但是，要做到这一点根本不是一件容易的事。所以在遇到重大决策时，沈浩都要和“大包干”的带头人们一起商量对策。经过大家的共同努力，优质养殖示范区办起来了，种植双孢菇的创业大学生引进来了，小岗钢构厂等企业也开始生产了，大包干纪念馆建起来了……

在离小岗村的不远处就是著名的滁州琅琊山醉翁亭。宋代大文豪欧阳修的《醉翁亭记》中“与民同乐”的思想经常提醒着沈浩，让他明白，要想让小岗村的百姓“同乐”，就先得让大家“同富”。

在沈浩和村民的共同努力下，村民的农家乐旅游服务启动了。小岗村当年的茅草屋、“大包干”纪念馆、文化广场等，都成了著名的旅游景点。沈浩还争取到有关部门的支持，开辟了直通合肥的长途汽车线路，创安徽全省由一个村发往省城班车的先例。

2006年春节前，小岗村26户住房比较困难的农民都搬进了160多平方米的两层楼房，过上了热热闹闹的新年。

2006年底，沈浩在小岗村任职三年届满，准备调回，但是，村民们强烈要求沈浩留下。村民们派了十个代表，按下手印，到安徽省组织部、财政厅要求让沈浩留在小岗村，再带领他们干三年。就这样，沈浩又留在了小岗村。

2008年9月30日，党的十七届三中全会召开前，党中央总书记来到小岗村考察。总书记对乡亲们说：“希望大家齐心协力，努力把农业生产搞上去，把文化生活搞丰富，把村庄环境搞整洁，使日子过得一天更比一天好！”

总书记的殷切期望既让乡亲们感到了温暖和鼓舞，也让在场的沈浩感到了沉甸甸的责任。

随后，沈浩继续带领小岗村村民，按照科学发展观的要求，拟订了小岗村新农村建设规划。

按照这个规划，小岗村将形成“一环两轴一点九区”的规划结构，对现有村庄进行整治，包括建筑外立面、村容村貌整治，进而将小岗建设成现代农业的示范村、制度创新的实验村、城乡统筹的先行村、文明和谐的新农村。

2009年1月8日，小岗村与“美国GLG集团”“从玉菜业”“瑶海”“天下一碗”签下了四份投资大单。招商引资，也是小岗村发展的关键一环。

签单后，GLG集团要在小岗村建立农产品深加工产业园。项目马上就要开始建设了，地面必须平整。时间只有五天，而最大的难题就是迁坟。

在农村，迁祖坟那是件天大的事。于是，在2009年4月12日，村“两委”开会，挨家挨户动员。4月14日，村干部带头锯树、迁坟，第二天，村民们全动起来了，最多的一家迁了12座祖坟。

面对乡亲们的支持，沈浩十分感动，抱拳三作揖，高声道：“先人们，沈浩向你们道谢了！父老乡亲，谢谢你们支持小岗村工作！谢谢你们支持咱们子孙后代！”

就这样，204座祖坟在预定时间全部迁完。

2009年9月起，在总书记考察完小岗村的一周年之际，小岗村参加了第三批学习实践科学发展观活动。沈浩和村党委把党员们从繁忙的工地上、田地里请到一起，谋划小岗村的科学发展之路。

然而，第二个三年任期又要到了。为了留下沈浩，小岗村人两次按“红手印”，个个千斤重。

可是，就在2009年11月6日晨，沈浩终因积劳成疾，猝逝在工作的一线上。

沈浩虽然走了，但沈浩这个尽职尽责的农村基层干部的精神永远地活在小岗村村民们的心中。

心灵物语

沈浩是优秀共产党员的代表，为了小岗村的富强，可谓呕心沥血。作为一名共产党人，他尽职尽责直到生命的最后时刻，他赢得的不只是小岗人的敬爱，更是全国人民的爱戴。

史海钩沉

家庭联产承包责任制

家庭联产承包责任制是指农户以家庭为单位，向集体组织承包土地等生产资料和生产任务的农业生产责任制形式。

家庭联产承包责任制的基本特点，是在保留集体经济必要的统一经营的同时，集体将土地和其他生产资料承包给农户。而承包户需要根据承包合同规定的权限，独立作出经营决策，并在完成国家和集体任务的前提下，分享经营成果。通常的做法是将土地等按照人口或劳动力比例，根据责、权、利相结合的原则，分给农户来进行经营。承包户和集体经济组织签订承包合同。

1982年1月1日，中共中央批转《全国农村工作会议纪要》，指出："目前农村实行的各种责任制，包括小段包工定额计酬，专业承包联产计酬，联产到劳，包产到户、到组，包干到户、到组，等等，都是社会主义集体经济的生产责任制。"

1983年，中央又下发文件，指出联产承包制是在党的领导下我国农民的伟大创造，是马克思主义农业合作化理论在我国实践中的新发展。

1991年11月25—29日举行的中共十三届八中全会上，通过了《中共中央关于进一步加强农业和农村工作的决定》。《决定》提出，把以家庭联产承包为主的责任制、统分结合的双层经营体制作为我国乡村集体经济组织的一项基本制度长期稳定下来，并不断充实完善。

家庭联产承包责任制作为农村经济体制改革的第一步，突破了“一大二公”“大锅饭”的旧体制。而且，随着承包制的推行，个人付出与收入挂钩，从而使农民生产的积极性大大提高，极大地解放了农村生产力。

文苑荟萃

凤阳花鼓

凤阳花鼓，又称双条鼓，流行于明清时期。凤阳花鼓最初表现形式为姑嫂二人，一人击鼓，一人击锣，口唱小调，鼓锣间敲。

凤阳花鼓唱的都是民间小调，曲目有近百种。历史上，朱元璋建立明朝，徙江南巨户到凤阳。由于凤阳地区人口激增，灾荒也不断，导致这些迁徙的江南巨户希望回到江南，但朱元璋严禁他们离开凤阳，所以他们想出了假扮乞丐乞讨、以打花鼓唱曲为生的方式离开凤阳。其实后来流传的凤阳乞讨者众多是对历史的歪曲，实际情况并不是。其中有一首著名的《凤阳歌》，歌中唱道：“说凤阳，道凤阳，凤阳本是好地方，自从出了朱皇帝，十年倒有九年荒。大户人家卖牛马，小户人家卖儿郎，奴家没有儿郎卖，身背花鼓走四方。”根据清代的记载，早期花鼓“音节凄婉，令人神醉”。

另有一首流传甚广的是“左手锣，右手鼓，手拿锣鼓来唱歌，别的歌儿我也不会唱，单会唱一支凤阳歌”。

中国改革开放以后，凤阳花鼓的形式和内容也随之起了很大变化，凤阳花鼓成了凤阳人自娱自乐的工具。花鼓演唱在城乡更加普及，凡是遇到喜事，或接待宾客，凤阳人总要热情表演一番，以表达欢乐的心情。花鼓的打法、舞步、花势、演唱等糅进了现代歌舞的技巧，在保持浓郁的地方特色的同时，形式更加活泼多样，气氛更加热烈欢快，凤阳花鼓的名声也越来越大。近年来，凤阳民间花鼓艺术团体多次参加全国及省市民间艺术表演和比赛活动，参加多部影视片的拍摄，并在全国获奖。凤阳花鼓近年还走出国门，到日本表演，获得赞誉。

一直以来，凤阳县的孩子们还在节庆时跳这一地方特色的舞蹈，保持着古城的特色。

第四篇 不辱使命将责任进行到底

解扬智勇双全完成使命

解扬（生卒年不详），原籍为晋国（今山西繁峙县）人，字子虎，所以人称霍虎。他不但武艺高强，而且能言善辩，聪明过人。史载有“解扬守信”的故事。

2400多年前的春秋时期，楚庄王派军队攻打宋国。

消息传来后，宋王大惊失色。他想，自己国家这么小，没有多少兵力，将军也没几个，怎么能够抵挡得了楚军的攻势呢？

于是，宋王紧急召集大臣们商量对策。商量来商量去，也拿不出好主意，宋王只好派使者连夜赶往晋国求救。

晋王收到宋国的求救消息后，想派使者前往宋国。这时，有个人推荐了一个名叫解扬的人，说这个人忠实可靠，能言善辩，足智多谋，可以胜任。晋王当即把解扬召进宫中，向他交代了任务，并给宋王写了一封回信，让解扬交到宋王手中。

当天，解扬便打点行装出发了。他一路急走，翻山越岭，不停地赶路。

就在解扬路过郑国的边境时，被郑人盘查，搜出了晋王给宋王的信。解扬被作为奸细送到郑王那里。郑王看了晋王的信后，知道了解扬的使命。当时的郑国也是个小国，政治上也要依附楚国。郑王以为这是个好机会，何不把这个解扬献给楚王，也表示我的一片心意呢？

于是，郑王就命人把解扬押送到了楚国。

楚王见到解扬后，亲自给解扬松开绑绳，让他到上座。解扬怒目而视，对楚王说："要杀就杀！"

楚王笑着说："我早就听说过先生的大名了，今天能在我的宫里相见，真是太高兴了。"说着，他吩咐手下大摆酒席，宴请解扬。

席间，楚王对解扬的才学和本领大加赞扬，并让解扬到自己身边来，还要给他高官厚禄。解扬坚决推辞了。

楚王看解扬态度十分坚决，便又改变了话题，说："既然你这样固执，我就不勉强了。只求先生一件事，您还是作为晋国的使者去宋国，到那儿以后只说一句'晋国派不出援军了'就行，你看怎么样？"

解扬一听，说："我家主公对我寄予厚望，委我以重任，我不能做对不起他的事！"

楚王说："我的军队已经把宋国的四城围得水泄不通，您根本进不了城，没法把晋王的信交给宋王。您只要站在我的楼车上，向城上的宋军喊一句话就行了，晋国不会有人知道您喊了些什么……"

"大丈夫顶天立地，决不干这种鸡鸣狗盗之事！"解扬打断楚王的话，拍案而起。

楚王忙把解扬按在座位上，连声说："先生息怒……"他向门边一挥手，几个侍从抬着一个大锦盒走到解扬面前，楚王把盒盖打开，原来里面装满了金银财宝。

楚王说："先生，只要您按我的意思办，这些是见面礼。想要什么，我都能满足您。"

解扬看都没看一眼，干脆一闭眼，把头扭到一边。

楚王再也按捺不住心头之火，他恶狠狠地说："解先生，您要是敬酒不吃吃罚酒的话，可别怪我不客气了！"

解扬虽然表面上很镇静，但心里在反复地思索着该怎样脱身，去完成主公交给的任务："如果我咬牙坚持到底，他是绝对不会放我出去的，那么主公的使命就全泡汤了，楚国很快就会把宋国吞并。"

楚王见解扬半天没说话，皱着眉思索着什么，以为解扬有点儿回心转意了，就赶紧又凑到解扬身边，小声说："解先生，原谅我刚才把话说重了。您再考虑考虑，如果您留在我这里，我负责把您的家人平平安安地接来，你们在这里团聚。"

此时此刻，解扬已经打定主意，他说："好吧，我服从您的安排，我马上去宋国告诉他们晋国不派兵了。"

楚王高兴地说："好！好！不过，我兵临城下，宋国是根本不可能打开城门让您进去的。您无论如何也得用我的楼车和宋国联系。"

解扬点点头说："就这么办！"

当下，解扬由楚将陪同来到宋城下。果然，楚军黑压压地集结在一起，随时准备攻城。宋国则是吊桥高悬，城门紧闭，连只鸟也飞不进去。几个楚兵推来了一辆正在瞭望侦察的楼车，车立柱上的望楼已经放到地上。

解扬走进去后，楚兵用力绞动辘轳牵动大绳，望楼徐徐上升，一会儿就升到了立柱的顶端。解扬从里面往外一看，自己果然已经和城楼一般高了。

这时，解扬把双手拢在嘴边，对着城上的宋军高声喊道："宋国的守将请出来！我是晋国的使者，特来向你们转达我家主公的口信，我们晋国已经出动了全部兵马，请你们放心，全力守城……"

车下的楚将听到解扬的喊话，脸色大变，急忙命令士兵松绳子，把解扬放下来。解扬抓紧最后的机会，在望楼下降的时候，拼命喊着："你们一定要坚守待援，决不要向楚国投降啊！"

望楼降到地面，楚将把解扬从里面拖出来，又押到楚王那里。

楚王听完楚将的报告，气得怒目圆睁，在厅内来回踱步。解扬却站在那里，脸上一副安然自得的样子。

楚王看了看解扬，倒不生气了，走过来说："难得您对晋国的一片忠心。我敬重您的为人，不想处置您了，立刻放您回去。"

解扬暗暗庆幸自己被楚军俘虏，方能利用楚军的楼车把消息传递给宋国，不然的话，自己又怎能和被围困的宋国人取得联系呢？解扬以自己的忠诚和机智出色地完成了使命。

从晋国传来的消息，使不安的宋王吃了颗定心丸。他随即命令军民咬牙坚守，等待援军的到来。就这样，一直坚守了几个月。

楚王见把兵力、物力都消耗在这儿，一时也看不出获胜的希望，就暂时放弃了吞并宋国的企图，把军队撤了回去。

心灵物语

面对楚王高官厚禄的诱惑，解扬不为所动，把自己到楚国来的目的牢记于心，终于“不辱使命坚决执行”。如果不能成功劝服楚王解宋王之围，宋国的存亡将岌岌可危。

史海钩沉

宋国历史

宋国是周朝时期的一个诸侯国，公爵，国君子姓，位于现在的河南商丘一带，都城为睢阳（今河南商丘）。宋国的疆域在最大时包括今河南东北部、江苏西北部、安徽北部、山东西南部等地区。

春秋初年，宋国仍然实行“兄终弟及”制。宣公即位19年，身患重病，但是，他并没有把自己的王位传给儿子殇公，而是让给了自己贤明的弟弟穆公。不久，宣公去世，穆公应宣公的要求即位。

穆公在位九年后去世，临终前，把君位让给了宣公的儿子殇公。

殇公即位后，喜好战争，在位10年中就发生了11次战争，百姓苦不堪言，于是重臣华督在公元前710年杀了殇公，从郑国迎立穆公的儿子庄公即位。自此，战争不断，直到宋康王四十三年（公元前286年），齐湣王发兵灭宋，宋国的最后一个国君偃死在魏国。宋立国761年，共经26世、35君。

探究“解”姓的历史渊源

据史学家考证，我国人在5000多年前就已经有了姓。那时是母系社会，因而人们只知道有母亲，不知道有父亲，所以“姓”字也是由“女”“生”两个字组成，形象地说明了最早的姓与母亲有关。

夏、商、周的时候，人们有姓也有氏。“姓”是从居住的村落或者所属的部族名称中而来。

“解”姓是一个中国的姓氏，在《百家姓》中排名第174位。关于“解”姓的渊源主要有下面几种说法：

第一个渊源：源于姬姓，出自周武王之孙姬良的封地，属于以封邑名称为氏。

第二个渊源：源于地名，出自东周初期成周城垣解，属于以居邑地名为氏。

第三个渊源：源于鲜卑族，出自南北朝时期鲜卑拓跋部，属于汉化改姓为氏。

第四个渊源：源于满族，属于汉化改姓为氏。

唐雎勇斗秦王保国土

唐雎（生卒年不详），战国时期魏国著名策士。他为人有胆有识，忠于使命，不畏强权，敢于斗争并敢于为国献身。90岁高龄时，他西说强秦使秦不敢加兵魏国；曾经在魏国灭亡后出使秦国，冒死与秦王抗争，粉碎秦王吞并安陵的阴谋。

有一天，秦王派人对安陵君说："我想要用500里的地方来交换你们的安陵，你可一定要答应我！"

安陵君说："大王对我施予恩惠，拿大的地方换小的地方，真是太好了。可是这块封地是我从先王那里继承来的，我愿意终生守护它，实在不敢拿来交换呀！"

秦王知道后很不高兴。安陵君为了缓和紧张的局势，便委任唐雎出使秦国。

唐雎到了秦国后，秦王对他说："我愿意拿500里的地方去换安陵这个只有50里的地方，而安陵君却不答应我，这是何道理？再说，我们秦国灭了韩国和魏国，而安陵君仅凭50里的地方能够保全下来，那是因为我认为安陵君是个忠厚年长的人，因而没有欺侮他。如今，我拿十倍大的土地让安陵君扩大领土，他竟然敢违抗我，这不是轻视我吗？"

唐雎回答说："大王误会了，安陵君从祖上继承了这块封地，就要守住它，哪怕是有一里大的土地也是不敢交换的。"

秦王怒道："你见过天子发怒的情形吗？"唐雎回答说："我没有见过。"

秦王说："天子怒，能叫百万人死亡，流淌出来的血水有千里远，就像一条河。"

唐雎说："大王见过平民百姓发怒的情形吗？"

秦王说："平民发怒，也不过是摘了帽子，光着脚，用头撞撞地罢了。"

唐雎接着说："你说的是平常百姓发怒，不是有识百姓发怒。专诸刺杀王僚的时候，可以看到扫帚星冲击了月亮；聂政刺杀韩傀的时候，有一道白气射穿过太阳；要离刺杀庆忌的时候，苍鹰在宫殿上搏击。这三位都是平民，他们心里的愤怒还没有发作出来，上天就降下征兆。现在再加上我，就要成四个人了。如果勇士发怒，死的只有两个人，流出的血不过是五步远，而天下人却要因此身着缟素恸哭哀号了。"

说着，唐雎便拔出剑，站起身来。

秦王见状，吓得脸都变了颜色，赶紧站起身来赔礼道歉，说："先生快坐下，息怒息怒。我明白了，韩、魏两个大国都灭亡了，而安陵仅凭50里的地方却得以保全，就是因为先生之故呀！"

心灵物语

"天下兴亡，匹夫有责。"即便是面对秦王的愤怒与威胁，唐雎仍坚持正义，勇抗暴秦，终不负众望，使秦王威风扫地，胜利地完成了使命。如果唐雎心中没有使命感，没有责任意识，他怎能尽自己最大的力量勇往直前，击退秦王的威逼？

史海钩沉

唐雎说信陵君

信陵君杀了魏国的大将晋鄙，解救了邯郸城，击破了秦军的包围，保存了赵国的实力。

信陵君回到赵国后，赵孝成王亲自到郊外去迎接他。这时，唐雎对信陵君说:“我听过这样一种说法，事情有不可以知道的，有不可以不知道的；有不可以忘掉的，有不可以不忘掉的。”

信陵君说:“你说这话是什么意思呢？”

唐雎回答说:“别人憎恨我，我可以不知道；我憎恶别人，是不可以让别人知道的。别人对我有恩德，不可以忘记；我对别人有恩德，不可以不忘记。如今，你杀了晋鄙，救下邯郸，打败秦兵，使赵国得以保存，这对赵国是大恩德。现在，赵王亲自到郊外迎接你。你在匆忙之间见到赵王，希望你能把救赵的事忘掉。”

信陵君说:“我一定接受您的教诲。”

文苑荟萃

秦灭六国

据史书记载，秦国曾“西有巴蜀、汉中之利，北有胡貉、代马之用，南有巫山、黔中之限，东有崤函之固”，在地理位置上进可攻、退可守；“战车千乘，奋击百万”，军事力量远胜于其他六国。

秦国的这种战略优势，也为它日后统一六国打下了基础。与此同时，山东六国统治集团的内部相互倾轧，争权夺利，政局很不稳固。

公元前230年，秦王政派内史腾率军，突然南下渡过黄河，攻破了韩国的首都郑（今河南新郑）。韩王安出城投降，韩国灭亡。随后，秦国便在韩地设置了颍川郡，建郡治于阳翟（今河南禹州）。

公元前229年，秦想灭掉韩国后的第二年，乘赵国遭受旱灾之际，兵分两路，南北合击赵都邯郸。第二年，攻破赵军，攻占邯郸，俘虏赵王，赵国灭亡。赵国公子嘉逃到代（今河北蔚县东北），收拾好残部，自立为代王。

公元前222年，王翦之子王贲率军在攻灭燕赵残余势力后，俘虏了代王嘉。

公元前228年，秦军破赵以后，王翦便屯军于中山故地，准备下一步攻打燕国。第二年，燕太子丹派荆轲赴秦，准备以献督亢的地图和秦国逃将樊于期的首级之名，刺杀秦王，幻想着以此造成秦国混乱，以解被灭亡的危险，结果阴谋败露，荆轲被杀。

公元前226年，秦王以荆轲行刺为借口，派王翦率兵攻打燕国。秦军在易水大败燕军和前来支援的代军，攻陷蓟，燕王喜与太子丹率残部逃往辽东。后来，燕王喜杀太子丹，将其首级献给秦王。公元前222年，秦将王贲进军辽东，歼灭燕军，俘虏燕王，燕国灭亡。

公元前224年，秦军在攻占燕都蓟、取得北方决定性胜利的同时，将主攻的方向转向南方，派名将王翦之子王贲率军进攻楚国北部地区（今河南南部），占领了十余座城池。

同时，又于公元前223年突然进袭魏国，包围了魏都大梁（今河南开封）。魏军依托城防工事，拼死防守。秦军强攻无效，于是引黄河、鸿沟之水灌城。三个月后，魏大梁城被攻破。魏王假出降，魏国灭亡。秦在魏的东部地区设置了砀郡。

齐国自从济西之战（公元前283年）受到燕军的重创以后，实力一直没有得到恢复。秦国在远交近攻的方针下，用重金收买了齐国的丞相后胜，使齐国保持中立，既不合纵抗秦，也不加强战备。齐王建为了自身的眼前利益，听信了后胜的主张。直到秦国灭五国后，齐王才感到秦国的威胁，慌忙将军队集结到西部边境，准备抵御秦军的进攻。最终秦军一举攻占临淄，俘齐王建，齐国灭亡。秦王在齐国设置了齐郡和琅琊郡。

张骞开丝路奉献一生

张骞（约公元前164—前114年），汉族，字子文，汉中郡城固（今陕西省城固县）人。张骞是中国汉代卓越的探险家、旅行家与外交家，对丝绸之路的开拓有重大的贡献，他开拓了汉朝通往西域的南北道路，并从西域诸国引进了汗血马、葡萄、苜蓿、石榴、胡桃、胡麻等。

张骞是中国古代著名的外交家。他不畏艰险，两度出使西域，为“丝绸之路”奠基，以此名垂史册。

张骞出使西域，和秦汉之际中原王朝与匈奴关系的演变有着直接的关系。

秦汉时期，匈奴首领冒顿单于的手伸得很长，他动用30万精锐骑兵，东边打败了东胡，北边征服了丁零，西边驱逐了大月氏。这样一来，匈奴统治的地盘越来越大，东到朝鲜边界，横跨蒙古高原，与氐、羌相接，南边则延伸到河套以至今山西和陕西的北部。

西汉初年，汉朝与匈奴之间基本上维持着一种和亲关系。尽管汉朝皇帝将公主嫁给匈奴单于，馈赠匈奴厚礼，通关市，一再忍让，可还是不能避免匈奴铁骑的侵扰与践踏。

到了汉武帝时期，国力增强，汉朝决心改变这种被动局面。汉武帝听说，定居在西域的大月氏有报复匈奴的想法，根据这个线索，他选择合适的人出使大月氏，准备采取联合大月氏夹攻匈奴的方略。

也就是在这个时候，张骞应募出使西域。

当时的西域是从玉门关和阳关以西起（今新疆）到更远的地区。在天山以南、塔里木盆地南北边缘的绿洲上，分布着一些小国。除此之外，其他地方几乎是人烟稀少的荒漠。匈奴征服了其中的一些国家，设置了机构，并派了官员管理被占领的西域各国，根本目的是掠取这些地方的财富。

有道是“西出阳关无故人”，不仅是指通往西域的道路上举目无亲，更重要的是要面对恶劣的自然条件和匈奴的威胁。可是，张骞领了皇命之后，全然不顾前面的艰难险阻，他唯一的念头就是：不辱使命，完成出使西域的任务，彻底改变国家被匈奴侵略的现状，以实现国家的安宁。

建元二年，张骞率领一百多人出陇西向西域进发。

在西行途中，张骞先被匈奴骑兵俘获，拘留于匈奴10年，但他秉持汉节不失。后来总算逃脱，与堂邑氏奴甘父又继续西行，至大宛，经康居抵达大月氏。

当时，大月氏已定居在妫水，又统领大夏，安居乐业，不愿东返故土，也无意报复匈奴。张骞在大夏留居一年多，后来返国。

在回国的过程中，张骞为了避免再次遭到匈奴骑兵的侦缉，改变了行进的路线，从南道傍南山而行。但到底还是被匈奴捕获，又被扣留了一年多。

元朔三年，匈奴内乱，张骞乘机逃回汉朝。

风尘仆仆远道归来的张骞向汉武帝详细报告了西域的情况。汉武帝委任他为太中大夫。

那么，这个太中大夫的官职究竟有多大？它的品级会有多高？这些在《汉书》中可以找到。汉武帝太初元年，太中大夫的品级是三品，一般为皇帝亲近的大臣，权位显贵。

张骞出使西域，历经磨难，九死一生，总算活着回来了，得了个太中大夫的官职，上朝就在皇帝跟前晃荡，也算没白受罪。

元朔六年，张骞随大将军卫青出征匈奴，击破匈奴，取得河西地带。从此，盐泽以东空无匈奴，汉与西域之间的道路终于打通了。

元狩四年，张骞再度出使西域，终于取得了实质性进展。他这次的任务是招引乌孙（在今伊犁河流域），加强与西域各国的联系。张骞率将士300人，每人备马两匹，牛羊以万计，金币丝帛巨万。张骞到乌孙后未达到预定目的，于元鼎二年同乌孙使者数10人返抵长安。随后，被张骞派到大宛、康居、大夏等国的副使陆续来到长安。此后，汉朝与西域各国的交往日益频繁，乌孙后来终于与汉通婚，共同击破匈奴。

从此以后，汉王朝派到西域去的使臣每年多达十几批，少则五六批。每批少则百余人，多则几百人。有的使者以所携官物为私产，到西域牟利，因此使者队伍实质上就是商队。

张骞前后两次出使匈奴，费时十五六年，行程数万里，足迹远至今中亚地区。张骞是汉朝沟通西域“丝绸之路”的奠基人。因张骞在西域享有很高的威望，后来汉朝所遣使者多打着张骞的旗号，以取信诸国。

张骞出使西域的报告被载于《史记》《汉书》中，成为今天研究中亚史的原始资料，具有重要的学术价值。

心灵物语

张骞两赴西域开辟丝绸之路，奠定了中外友好关系，增进了各民族团结和民族间的物质文化交流。同时张骞也把自己的毕生心血献给了这伟大的事业，可谓尽职尽责。

史海钩沉

丝绸之路

丝绸之路是古代一条横贯亚洲和连接欧亚大陆的著名陆上商贸通道。丝绸之路东起长安(今西安)，经陕西、甘肃、宁夏、青海、新疆等地，跨越葱岭(今帕米尔高原)，经中亚部分的独联体、阿富汗、伊朗、伊拉克、叙利亚而达地中海的东岸(今罗马)，全长达7000多千米，其中中国境内的丝绸之路总长为4000多千米，比丝绸之路全程的二分之一还要长。

至今，丝绸之路已有2000多年的历史了。今天的丝绸之路沿线上保存着众多的历史文物、古迹、壮丽的自然风光和多姿多彩的各民族风土人情，仍然吸引着成千上万来自世界各地的旅游者。

在历史上，被誉为沙漠之舟的骆驼曾经是丝绸之路上的主要交通工具，但在今天，游客们可以乘坐飞机、火车、汽车等交通工具，沿丝绸之路旅行，既快捷便利，又舒适安全。

中国段丝绸之路沿线上有着众多的历史文化古迹，这些古迹主要有：被称为世界第八奇迹的秦始皇兵马俑、保存释迦牟尼佛骨的法门寺、敦煌莫高窟、麦积山石窟、长城嘉峪关和汉代烽燧遗址、著名的藏传佛教寺院塔尔寺、丝路重镇高昌故城遗址等。

文苑荟萃

中国丝绸的起源与发展

根据考古学的发现来推测，在距今五六千年前的新石器时代的中期，我国便已经开始养蚕、抽丝、织绸了。到了商代时期，丝绸生产已经发展到了较高的工艺水平，并有了比较复杂的织机和织造手艺。

随着战国、秦、汉时期的经济大发展，丝绸生产也达到了一个较高的水平。然而到了三国、两晋、南北朝时期，由于长期的战乱，黄河流域的经济遭到了严重的破坏。到了隋朝时，我国的蚕桑丝绸业重心已开始转移到了长江流域。

唐朝时期是丝绸生产的鼎盛时期，无论是产量、质量，还是品种，都已经达到了前所未有的水平。

发展到宋元时期，随着蚕桑技术的提高，我国的丝绸也有过短暂的辉煌。丝绸的花色、品种等都有了比较明显的增加。尤其是出现了宋锦、宋丝和饰金织物三种较有特色的新品种，而且在蚕桑生产技术的总结和推广方面，也都取得了很大的突破。

明清时期，资本主义逐渐萌芽和发展，丝绸的生产与贸易也有了更大的变化。比如：丝绸生产的商品化趋势日益明显，丝绸的海外贸易发展也迅速增多。然而在清朝时期，封建制度对生产力的阻碍也相当突出，丝绸业在苛捐杂税和洋绸倾销的双重打击下，陷入了比较可悲的境地。

新中国成立后，丝绸的发展进入了一个新的历史时期。古老的丝绸在改革开放的新形势下，日益焕发出新的青春。

“马革裹尸”为国尽忠

马援（公元前14—公元49年），字文渊，扶风茂陵（今陕西兴平东北）人，东汉著名的军事家。马援因功累官至伏波将军，封新息侯。

“马革裹尸”应该是一个真正军人所追求的理想归宿，也是对一个品格高尚的军人最高的褒奖。

“马革裹尸”的典故出自东汉初年的名将马援。

马援出身官宦世家，他曾经担任郡督邮、新成大尹，后来因受隗嚣敬重，任绥德将军。

隗嚣公开反叛东汉王朝后，马援为光武帝谋划，并往来游说、离间隗嚣部属。

建武八年，光武帝亲征，马援用米堆成山谷形状，分析形势，使刘秀得以顺利击平隗嚣。建武十一年，马援任陇西太守，率军先后平定先零、武都参狼诸羌，于是陇右清静。因他作战有功，被任虎贲中郎将。

建武十七年，马援奉命征讨叛军，并被任命为伏波将军，领兵南下。马援军所过之处，经常为郡县修治城郭，穿渠灌溉以利百姓，并与越人申明旧制。从此以后，骆越一直按照马援的要求行事。

马援班师回洛阳后，被封为新息侯，食邑3000户。亲朋故旧都纷纷前来，向他表示祝贺。对人们的赞美，马援不以为意。他对平陵人孟冀说：“西汉武帝时，伏波将军路博德开置七郡，才封数百户；今天我的功劳微薄，却封赏大县，‘功薄赏厚’，这怎么能长久呢？”同时他还表示：“男儿当死于边野，以马革裹尸还葬耳，何能卧床上在儿女手中邪？”

马援对朝廷的封赏和人们的赞誉不仅没有飘飘然，反而头脑异常冷静，对比当年路博德将军的功劳，再看看自己如今所做的事情，使他感受到：一个真正的军人，想有立足之地，唯一的出路就是要尽职尽责不断地为国家作贡献，不断地取得战功，绝不能因一时之胜、一点儿功劳而沾沾自喜，甚或居功自傲。

在马援看来，军人只有战死沙场、马革裹尸才是最终的归宿；而躺在昔日的功劳簿上，守在家里论儿女情长，那不是他该做的事情，也不是军人应该走的正路。

不久，匈奴、乌桓侵扰扶风，马援再次请兵出征，并亲自率领3000骑兵出高柳，过雁门、代郡、上谷，一路威风，乌桓见汉军即将杀来，不战四散。

建武二十四年，马援已经62岁了，又请兵出征武陵五溪蛮夷。

光武帝对马援说：“你年纪已经大了，不宜再率军出征了，行军打仗、鞍马劳顿，你的身体会吃不消的，还是让年轻人去吧。”

听了光武帝的话，马援更加坚定了请战的信念。他对光武帝说：“我尚能披甲上阵，辛劳毕竟是小事。”

听了马援的话，光武帝决定让他骑马试试。马援扳鞍认镫，飞身上马，动作比年轻人还要矫健利索。光武帝见此情形，心中大喜，笑着对他说：“老将军不减当年啊！”也就是这句话，吹响了马援再次出征的号角。

出征前，马援与友人告别时对友人说：“我已经得到很优厚的待遇了，自己的年纪的确是越来越大了。我唯恐不能为国捐躯，战死沙场，今天我终于有机会实现这个愿望了，即便是死，也可以瞑目了。”马援的这番话里带着一丝悲凉，但更多透出了英雄的无畏。

这次出师，遭逢酷暑，士卒多患疫病而死，马援也因病不治，死于军中，实现了“马革裹尸还”的夙愿。

心灵物语

马援为国尽忠，殒命疆场，实现了马革裹尸、不死床第的志愿。马援一生忠勤国事，62岁高龄还带兵戍边，尽到保家卫国的责任，令人钦佩。

史海钩沉

马援出使蜀、汉

东汉初年，隗嚣占据天水，自称为西州大将军。隗嚣对马援十分器重。此时，公孙述在蜀称帝，隗嚣为决定去从，便派马援西去探听虚实。

马援与公孙述本来是老乡，而且以往的交情很好。马援以为这次见面肯定会握手言欢，可是没想到的是，公孙述却摆起了皇帝架子来，摆列仪仗，前呼后拥，装尽模样，做尽了姿态。公孙述还表示，要封马援为侯爵，并授予他大将军的官位。马援的随从宾客十分高兴，以为受到了礼遇，都愿意留下来。而马援却说："天下雄雌未定，公孙不吐脯走迎国士，与图成败，反修饰边幅，如偶人形。此子何足久稽天下士乎？"

马援回来后，便对隗嚣说："子阳井底蛙耳，而妄自尊大，不如专意东方。"

建武四年（28年）冬，隗嚣命马援带信到洛阳去见光武帝刘秀，刘秀在宣德殿接见了马援。刘秀笑着对马援说："卿遨游二帝之间，今见卿，使我感到很惭愧。"

马援行礼后，接着刘秀的话题说："当今之世，非独君择臣也，臣亦择君矣。臣与公孙述同县，少相善。臣前至蜀，述陛戟而后进臣。臣今远来，陛下何知非刺客奸人，而简易若是？"

光武帝听了，笑道："卿非刺客，顾说客耳。"

马援说："天下反复，盗名字者不可胜数。今见陛下，恢廓大度，同符高祖，乃知帝王自有真也。"

光武帝壮其胆识，认为他与众不同。不久，光武帝南巡，让马援随行，先到黎丘，后转到东海。南巡归来，又任命马援为待诏，日备顾问。马援要回西州，光武帝就派太中大夫来歙持节相送。

马援回来后，隗嚣向马援询问东方的传言和京师的得失利弊。马援对他说："前到朝廷，上引见数十，每接燕语，自夕至旦，才明勇略，非人敌也。且开心见诚，无所隐伏，阔达多大节，略与高帝同。经学博览，政事文辩，前世无比。"

隗嚣又问："卿谓何如高帝？"

马援回答说："不如也。高帝无可无不可；今上好吏事，动如节度，又不喜饮酒。"

隗嚣心里不高兴，说："如卿言，反复胜邪？"

话虽如此说，隗嚣到底还是相信马援的。他同意归汉，就派长子隗恂到洛阳去做人质，马援也就带领家属一起到了洛阳。

■文苑荟萃

中国第一古刹——白马寺

在河南省洛阳市东郊的一片郁郁葱葱的长林古木中，建有一座被称为"中国第一古刹"的白马寺。这座寺庙已经有2000年的历史了，它矗立在邙山、洛水之间，以巍峨的殿阁和高峭的宝塔吸引着众多的游人。

白马寺是在佛教传入中国后，由官方营造的第一座寺院。它创建于东汉永平十一年（公元68年）。如今，寺内还保存了大量的元代夹纻干漆造像，如三世佛、二天将、十八罗汉等，具有十分珍贵的历史价值。

白马寺的营建与我国佛教史上著名的"永平求法"是紧密相连的。从白马寺始，我国的僧院便被泛称为"寺"，白马寺也因此而被认为是我国佛教的发源之地。历代高僧甚至外国名僧也来此览经求法，所以，白马寺又被尊为"祖庭""释源"。

严教皇子的李希颜

李希颜（生卒年不详），字愚庵、郏人。他隐居不仕，是明代儒学家。李希颜性格严峻，品行修养高，博览群书，后朱元璋亲自写信让他当诸王子的老师。诸王子长大后，各自到自己的封地去，他就又归隐田园了。

李希颜是平顶山郏县北山的一个隐士，元末明初人。他少年有志，学问以孔子、孟子的学说为根本，发扬程颐、程灏的学说，博读儒家经典，为中原一大学者。他很有民族气节，痛恨元朝推行的民族歧视政策，誓死不做元朝官吏。

李希颜在平顶山隐居期间与朱元璋结识为友。

1368年，朱元璋率领义军推翻了元朝，统一了中国，建立了明朝，定都于南京。朱元璋当时有10个儿子，都已经到了读书的年龄，想给孩子们找一位学问渊博、为人正派的老师，就想起了有志气、有胆识、有学问、恨不公、爱明智的李希颜。朱元璋派人带着亲笔信飞骑平顶山郏县北山，请李希颜出山进京为众皇子做老师。

常言说得好："平民孩子好教，皇帝孩子难训。"但李希颜为自己能给皇子当老师而振奋，而且他也胸有成竹。

就职后，他恪守师道，尽职尽责。对皇上的儿子就像教普通百姓的儿子一样严格，对不服从教诲、有意违反律条的皇子，轻的痛加训斥，重的当众惩罚。

有一天，皇帝的小儿子恃父皇溺爱，不好好学习，行为不轨，说话放肆，不听老师指教，无视师道尊严，激恼了李希颜。李希颜举起手中的毛笔，使劲儿投掷过去，正击中小皇子的额头。小皇子大哭大闹，要找父皇告状。

朱元璋闻讯赶来，摸着小皇子的额头，脸上露出怒容。李希颜也满腹怨气，双目怒气冲冲，看朱元璋如何处置，然后好当面理论。

这时，正好马皇后走过来，见两人这样对峙，便机智地问朱元璋："李老师教孩子的是啥书啊？"

朱元璋顺口回答："李老师教的是《虞书》等圣贤之书。"

马皇后严肃地说："既然李老师用圣贤之书教育你的孩子，就应当打心眼里高兴，怎么能满面怒容呢？"

马皇后的一句良言相劝，打破了二人对峙的僵局。朱元璋豁然开朗，转怒容为笑颜，并转身教训小皇子："只有尊重老师，才能学好知识，自觉规范言行，成为优秀人才、国家栋梁之材。"并当面指令儿子给李老师赔礼道歉，承认错误。

朱元璋为了嘉奖李老师严教诸子的功德，还降旨提升李希颜为左春坊赞善大夫。

■心灵物语

李希颜不愧为尽职尽责的好老师，就是皇帝的儿子也敢于从严管理，当然也需要明智的家长配合。这样的老师必定受到人们的尊敬。

■史海钩沉

明代注重儒学教育

明太祖朱元璋曾招呼赵俶与钱宰、贝琼等人说："你们要完全用孔子修订的经书来进行教育，千万不要掺杂苏秦、张仪纵横家的言论。”

众大臣都叩头，并接受命令。于是，赵俶便请求向全国颁行经过校刊审定的《十三经》，摒弃了《战国策》和阴阳家的有关预言、占卜等各种书籍，不准列入教材。

第二年，朱元璋又挑选了国子监学生中的优秀分子35人，命令赵俶专门领导他们，教给他们古文。不久，朱元璋又选拔学生李扩和黄义两人进文华殿、武英殿两堂，讲解经书、史书，两人都被任用。

文苑荟萃

明代的蒙学教材

明代时期，司守谦所著的《训蒙骈句》一书是为学童学习声律属对而编写的一部教材。

该教材全文主要采用平水韵平声的30个韵部，按韵部次序编排，每韵为三节，每节由三言、四言、五言、七言、十一言的五对骈句组成，讲究平仄，隔句押韵，对仗工整。比如，开头的第一节：“天转北，日升东。东风淡淡，晓日濛濛。野桥霜正滑，江路雪初融。报国忠臣心秉赤，伤春美女脸消红。孟柯成儒，早借三迁慈母力；曾参得道，终由一贯圣人功。”

该书为学童们学习作诗奠定了很好的基础。在这本书的影响下，清代学者又编写了类似的读物，如《笠翁对韵》《声律启蒙》等。